Bernd Feustel

Eröffnungen - abseits aller Theorie

JOACHIM BEYER VERLAG · HOLLFELD

Fotos wurden freundlicherweise zur Verfügung gestellt von:

Ed Benesch (Fotoarchiv der „Erlanger Nachrichten")
Heinz Köhler (Fotoarchiv der Schachzeitschrift: „ROCHADE")
Günter Lossa (Fotoarchiv der Schachzeitschrift: „SCHACH-REPORT")
Christian Janzen
Rainer Schlenker

2. erweiterte Auflage 1984
ISBN 3-88805-056-1

Gesamtherstellung: Meiller Druck und Verlag GmbH, 8460 Schwandorf
Umschlaggestaltung: Herbert Bürger, 8460 Schwandorf

Inhaltsverzeichnis

Seite

Vorwort zur zweiten Auflage 5

Partienverzeichnis 6

Leitgedanken des Buches 8

Themenkreis I Reti mit Sa3 11

Partiebeispiele zum Themenkreis I 12

Themenkreis II Englisch mit b4 19

Partiebeispiele zum Themenkreis II 20

Themenkreis III Modern Defence 24

Partiebeispiele zum Themenkreis III 27

„Schachlehren unglaubwürdig?" 44

Themenkreis IV Robatsch-Verteidigung 46

Partiebeispiele zum Themenkreis IV 51

Ratschläge für kreatives Spiel und Anregungen zu einem eigenen Eröffnungsrepertoire 88

Aktuelle Partiebeispiele zur Robatsch-Verteidigung 92

Das Hippopotamus im Fernsehen 107

Mit Eröffnungsforschern auf Entdeckungsfahrten 115

Vorwort zur zweiten Auflage

Als 1982 das Buch: „Eröffnungen – abseits aller Theorie" in seiner Erstauflage herauskam, wollte es vor allem die Schachfreunde dazu ermutigen, eröffnungstheoretisches Neuland zu betreten, seltene Eröffnungswege zu suchen, unkonventionellen Ideen nachzuspüren.
Der Titel war sozusagen als ein Programm gedacht, als ein Motto unter dem der Autor Anregungen und Denkanstöße vermitteln wollte. In der Zwischenzeit haben außergewöhnliche Eröffnungswege am Rande der herkömmlichen Theorie viel an Popularität gewonnen.
Davon zeugen mannigfaltige Belege, wie z. B. das Erscheinen einer Schachzeitschrift unter dem Titel: „RANDSPRINGER – Das Magazin für Alternative Schachtheorie", oder auch die Tatsache, daß im Fernsehturnier: „TV Worldcup 1982" in der entscheidenden Finalpartie die Hippopotamus-Eröffnung von Boris Spasskij gewählt wurde. Allein schon der Umstand, daß im TV-Worldcup der Name Hippopotamus-Eröffnung verwendet wurde, machte diese zuvor als Scherznamen bezeichnete Benennung salonfähig.
Bei der Vorbereitung der zweiten Auflage standen folgende Überlegungen im Vordergrund. Es sollte einerseits mit Partien der Jahre 1982-1984 der Aktualität Rechnung getragen werden, fernerhin sollte mit der Hereinnahme weiterer Eröffnungsinnovationen das Spektrum der vorgestellten Varianten vergrößert werden, und drittens sollten einige der bemerkenswertesten Eröffnungsforscher mit einem Kurzporträt zur Vorstellung gebracht werden.
Der Autor ist sich bewußt, daß ein solch komplexes Thema wie: „Eröffnungen – abseits aller Theorie" nie vollständig behandelt werden kann.
Sollten Sie, verehrter Leser, mit Anregungen, eigenen Spielerfahrungen oder auch Kritik an den Verfasser herantreten wollen, so können Sie dies jederzeit tun. Ich sehe Ihren Zuschriften mit Interesse entgegen.

Bernd Feustel
Kunigundendamm 47
8600 Bamberg

Partienverzeichnis:

Reti-Eröffnung

Nr. 1	Feustel – IGM Dr. Pfleger	Bundesliga, November 1980
Nr. 2	Feustel – IGM Spasskij	Bundesliga, Februar 1981
Nr. 3	Feustel – Borik	Bundesliga, April 1981

Englisch

Nr. 4	Feustel – J. Littlewood	London, September 1974
Nr. 5	Feustel – Frolik	Juniorenländerkampf, Bamberg 1978
Nr. 6	Feustel – Budde	Luxemburg, Mai 1980

Modern Defence

Nr. 7	IM Botterill – Feustel	London, September 1974
Nr. 8	IGM Nunn – Feustel	London, September 1974
Nr. 9	Wimmer – Feustel	Bayer. Meisterschaft, 1977 in Pang
Nr. 10	IM van der Wiel – Feustel	Großmeisterturnier, Bochum 1981
Nr. 11	IGM Kavalek – Feustel	Großmeisterturnier, Bochum 1981
Nr. 12	IGM Hort – Feustel	Bundesliga, April 1981
Nr. 12a	IM Lobron – Feustel	Bundesliga, Mai 1981

Robatsch-Verteidigung

Nr. 13	Feustel – Stock	Bayer. Meisterschaft, Königshofen 1972
Nr. 14	Weigel – Feustel	Bundesliga, Dezember 1975
Nr. 15	Bastian – Feustel	Int. Juniorenturnier, Nordhorn 1977
Nr. 16	Feustel – Rieke	Int. Juniorenturnier, Nordhorn 1977
Nr. 17	Böhm – Feustel	NDEM 1978, Bad Neuenahr/Ahrweiler
Nr. 18	IM Kindermann – Feustel	Bayer. Meisterschaft, Bad Königshofen 1978
Nr. 18a	IGM Petrosjan – IGM Spasskij	Weltmeisterschaftskampf, Moskau 1966
Nr. 19	Wolf – Feustel	Bayer. Meisterschaft, Bad Königshofen 1978
Nr. 20	Westermeier – Feustel	Bayer. Meisterschaft, Passau 1979
Nr. 21	IGM Dzinzichashvili – Feustel	Maintal – Open 1979
Nr. 22	E. Bauer – Feustel	Bundesliga, Dezember 1979
Nr. 23	IM Mohrlok – Feustel	Stuttgart 1979
Nr. 24	Dr. Ostermeyer – Feustel	NDEM 1980, Bad Neuenahr/Ahrweiler
Nr. 25	Hertzog – Feustel	NDEM 1980, Bad Neuenahr/Ahrweiler
Nr. 26	Breyther – Feustel	NDEM 1980, Bad Neuenahr/Ahrweiler
Nr. 27	Arnold – Feustel	Homburg/Saar 1980
Nr. 28	Treppner – Feustel	Erlangen Januar 1981
Nr. 29	IM Soos – Feustel	Bundesliga Januar 1981
Nr. 30	Nautsch – Feustel	Bundesliga Februar 1981
Nr. 31	IGM Ciocaltea – Feustel	Großmeisterturnier, Bochum 1981
Nr. 32	IGM Torre – Feustel	Großmeisterturnier, Bochum 1981
Nr. 33	Budde – Feustel	Porz-Open, Sommer 1981

Nr. 34	IGM Sosonko – Feustel	Bundesliga, November 1981
Nr. 35	Feustel – IGM Dr. Pfleger	Bundesliga, Dezember 1981
Nr. 36	IGM Dr. Hübner – Feustel	Bundesliga, Februar 1982
Nr. 37	Juhnke – Feustel	Bundesliga, April 1982
Nr. 38	Balogh – Feustel	Hamburg-Open, Sommer 1982
Nr. 39	Herbrechtsmeier – Feustel	Bundesliga, November 1982
Nr. 40	IGM Spasskij – Feustel	Bundesliga, Dezember 1982
Nr. 41	IGM Dr. Pfleger – Feustel	Bundesliga, April 1983
Nr. 42	Reichstein – Feustel	Bundesliga, März 1983
Nr. 43	IGM Timman – IGM Spasskij	TV-Worldcup 1982
Nr. 44	IGM Karpow – IGM Spasskij	TV-Worldcup 1982
Nr. 45	IGM Gufeld – IM Kindermann	Dortmund 1983
Nr. 46	Gottardi – IM Karolyi	Ländervergleich 1983

Bücker-Spezial

Nr. 47 Schönthier – Bücker NDEM 1984 Bad Neuenahr/Ahrweiler

Diemer-Spezial

Nr. 48 Diemer – Schlutter 1957

Janzen-Spezial

Nr. 49 Janzen – Schroeder

Schlenker-Spezial

Nr. 50 Müller – Schlenker

zusätzliche unkommentierte Partien:

im Vorwort:

IGM Karpow – IGM Miles Europa-Mannschafts-Meisterschaft 1980
Sutterer – Böhm NDEM 1978, Bad Neuenahr/Ahrweiler

Vergleichspartien im Kommentar:

zu Nr. 4 (2)	Feustel – Fischer	Maintal-Open 1979
zu Nr. 11 (5)	IGM Pantschenko – Feustel	Nordhorn 1977
zu Nr. 12 (2)	Budde – Feustel	Olympia-Lager 1972, München

Partien im Zwischen-Text:

Barczay – Ivkov Interzonenturnier 1966
Dr. Henningsen – R. Borik Dortmund 1979

Leitgedanken des Buches

Schon oft wurde dem Schachspiel der Remistod prophezeit und wenn man in den letzten Jahren einen Blick auf die immer mehr ausufernde Eröffnungstheorie wirft, so kann man wahrhaft erschrecken. Modevarianten wie z. B. die Swesnikov-Variante, die Sizilianische Drachenvariante und ähnliche Eröffnungen sind schon heute bis über den 30. Zug hinaus durchanalysiert. Die Risikobereitschaft nimmt bei vielen Spielern ab, die Technik dominiert und der Zwang, sich ein umfangreiches, fast enzyklopädisches Eröffnungswissen anzueignen, macht manchen Schachspieler zum Sklaven der Theorie.
Der Anteil der eigenen Partieleistung, d. h. das selbstdurchdachte, eigenschöpferische Spiel wird immer geringer und gar manche Partie beginnt erst ca. im 30. Zug richtig, nachdem vorher den Empfehlungen eines bekannten Theoretikers oder einer kurz zuvor veröffentlichten Meisterpartie gefolgt wurde.

Erfolge mit Unregelmäßig

Im Verlauf der letzten Jahre hat sich aber erfreulicherweise auch eine gegenläufige Entwicklung vollzogen, deren spektakulärster Höhepunkt wohl mit der Partie Karpow – Miles erreicht wurde.
Wenn es möglich ist mit „Unregelmäßig" sogar gegen den amtierenden Weltmeister zu gewinnen, warum soll es dann nicht einem Durchschnittsspieler erlaubt sein, zu unregelmäßigen Varianten zu greifen?
Es entspricht doch ganz und gar der Natur des Schachspiels, daß es zu eigener kreativer Leistung anregen will und das Auswendiglernen von Modevarianten sollte sich doch nicht allerorts einbürgern.
Mir fehlt freilich die Kompetenz, über die folgende Partie Karpow – Miles tiefgründige Aussagen zu machen und noch weniger will ich mir herausnehmen den Spielverlauf zu kommentieren, was mehrfach bereits von fachkundigerer Seite geschehen ist, doch sehe ich mich zumindest veranlaßt, die Partie-Notation hiermit zur Kenntnis zu bringen.

Weiß: WM Karpow
Schwarz: IGM Miles

Unregelmäßig

Europa-Mannschafts-Meisterschaft 1980

1.	e4	a6
2.	d4	b5
3.	Sf3	Lb7
4.	Ld3	Sf6
5.	De2	e6
6.	a4	c5
7.	dc5:	Lc5:
8.	Sbd2	b4
9.	e5	Sd5
10.	Se4	Le7
11.	0–0	Sc6
12.	Ld2	Dc7
13.	c4	bc3:ep.

Stellung nach dem 2. Zug von Schwarz

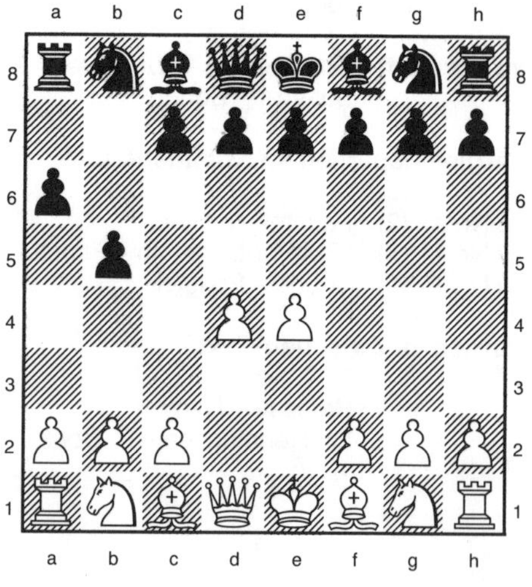

14.	Sc3:	Sc3:
15.	Lc3:	Sb4
16.	Lb4:	Lb4:
17.	Tac1	Db6
18.	Le4	0–0
19.	Sg5	h6
20.	Lh7+	Kh8
21.	Lb1	Le7
22.	Se4	Tac8:
23.	Dd3	Tc1:
24.	Tc1:	Db2:
25.	Te1	De5:
26.	Dd7:	Lb4
27.	Te3	Dd5
28.	Dd5:	Ld5:
29.	Sc3	Tc8
30.	Se2	g5
31.	h4	Kg7
32.	hg5:	hg5:
33.	Ld3	a5
34.	Tg3	Kf6
35.	Tg4	Ld6
36.	Kf1	Le5
37.	Ke1	Th8
38.	f4	gf4:
39.	Sf4:	Lc6
40.	Se2	Th1+
41.	Kd2	Th2
42.	g3	Lf3
43.	Tg8	Tg2
44.	Ke1	Le2:
45.	Le2:	Tg3:
46.	Ta8	Lc7

0 : 1

Weniger Aufsehen macht es freilich, wenn namenlose Spieler zu unregelmäßigen Eröffnungsvarianten Zuflucht nehmen, doch geschieht dies oftmals aus denselben oder ähnlichen Beweggründen. Man ist es müde, der Theorie blindlings zu vertrauen, man will den Gegner überraschen und versuchen, die möglicherweise überlegenen Eröffnungskenntnisse des Brettpartners zu entwerten.

Oft ist der Versuch, eigene Wege zu gehen, zwar zum Scheitern verurteilt, doch ebensooft wird ein neuer Weg mit gutem Erfolg beschritten. Ich entsinne mich noch einer außergewöhnlichen Spielidee, die ich bei der NDEM 1978 in Bad Neuenahr/Ahrweiler beobachten konnte und die ich ob ihrer Originalität dem Leser nicht vorenthalten möchte.

Weiß: Sutterer
Schwarz: Böhm

1.	e4	Sa6
2.	d4	c6

Stellung nach dem 2. Zug von Schwarz

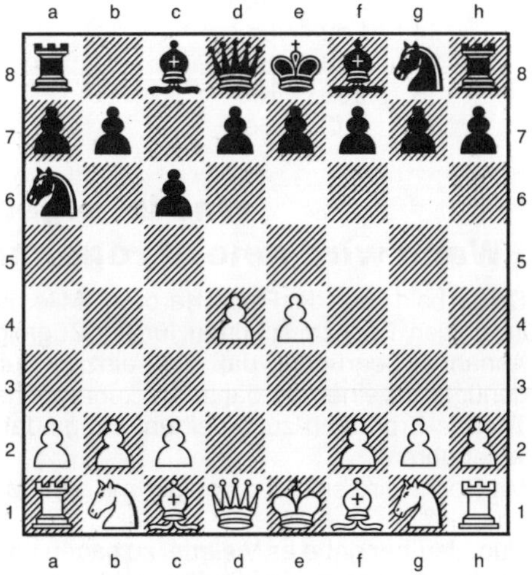

3.	f4	d5
4.	e5	h5
5.	Le2	Sh6
6.	Sd2	Sc7
7.	Sf1	g6
8.	Sf3	Lg4
9.	Se3	Lf3:
10.	Lf3:	Se6
11.	g3	Db6
12.	c3	0–0–0
13.	Dc2	Sg7
14.	Ld2	e6
15.	b4	Sgf5
16.	Sf5:	Sf5:
17.	a4	a5
18.	ba5:	Da5:
19.	0–0	Da7

20.	a5	Td7
21.	Tfb1	Le7
22.	Kh1	Kc7
23.	Le2	Ta8
24.	Ld3	Kc8
25.	Lc1	Ld8
26.	a6	b5
27.	Ta3	Le7
28.	Ta5	Db6
29.	Tba1	Tda7
30.	Da2	Kd7
31.	Kg2	Dd8
32.	De2	Dc8
33.	Da2	Ke8
34.	Ld2	Ld8
35.	Ta3	Sg7
36.	Le3	Kf8
37.	Lf2	Se8
38.	h3	Le7
39.	Ta5	Sc7
40.	Dc2	Ke8
41.	g4	hg4:
42.	hg4:	Kd7
43.	f5	gf5:
44.	gf5:	Dg8+
45.	Kf1	Dg4
46.	f6	Lf8
47.	Db3	Df3
48.	Dc2	Lh6
49.	Ke1	Th8
50.	De2	Df4
51.	Kd1	Lg5
52.	T5a2	Th2

und Schwarz blieb Sieger, was freilich nicht allein dem Eröffnungsexperiment zuzuschreiben sein dürfte.

Was ist eigentlich Theorie? Wann wird eine unregelmäßige Variante zur Theorie?

Schon bald nach der Partie Karpow – Miles konnte man die Bezeichnung „Miles-Eröffnung" in einigen Fachzeitschriften für die Zugfolge 1. e4 a6 2. d4 b5 lesen und somit ist die Annahme begründet, daß eine einzige aufsehenerregende Partie eines Meisterspielers genügt, um einer bis dahin als „unregelmäßig" bezeichneten Variante den Nimbus des Theorie-Erprobten zu verleihen. Einige Jahre zuvor ist dem Larsen-Zug 1. b3 ähnliches widerfahren.

Mit Recht wird sich der weniger mit dem Metier vertraute Leser fragen: Was ist eigentlich Theorie?

Nun, darüber gäbe es Vielerlei zu sagen und um dem Fragenkomplex auch nur annähernd gerecht zu werden, muß man wohl etwas weiter ausholen. Im heutigen Sprachgebrauch würde ich etwa formulieren:

Theorie ist das, was die Schachmeister der Vergangenheit und der Gegenwart in ihrer Spielpraxis vornehmlich anwenden und was somit durch Publikation für einen größeren Kreis zugänglich ist. Darüber hinaus das, was bedeutende Theoretiker ausanalysiert und veröffentlicht haben.

Freilich ist damit nicht gesagt, daß die Theorie immer den Vorzug vor einer unregelmäßigen Variante verdient. Wenn ein weniger namhafter Spieler in weniger spektakulären Partien eigene Ideen entfaltet, so kann er damit durchaus die Theorie verbessert haben, ohne daß dies einer breiteren Öffentlichkeit zugänglich wird. Daneben gibt es noch das große und unüberschaubare Gebiet der Haus-Analysen großer Meister, die in Vorbereitung auf künftige Gegner bestimmte Varianten neuen Untersuchungen unterziehen und dabei oftmals auf Verbesserungen kommen, deren Veröffentlichung aber bewußt unterbleibt, um den Wert der eigenen Untersuchung und deren Ergebnis nur sich selbst zugute kommen zu lassen.

Mein persönliches Eröffnungs-Repertoire möchte ich in dem folgenden kleinen Bändchen als Musterbeispiel für eigenschöpferisches Spiel dem Leser vor Augen führen. Gleichzeitig hoffe ich damit bei manchem Schachfreund die übertriebene Theoriegläubigkeit abzubauen und Anregungen zu eigenem Schachdenken zu geben . . .

Zum Thema I

Reti mit Sa3

Die Reti-Eröffnung ist inzwischen in den Turniersälen der Welt zu einer beliebten und anerkannten Eröffnung geworden. Es gibt also keinen Anlaß, diese Spielweise als „Skurrilität" anzusehen. Da aber einer der fachkundigsten deutschen Schachjournalisten, Dr. Helmut Reefschläger, in Schach-Echo Nr. 8, 1981, Seite 121 schreibt:
„Dieser kleine Ausflug in die Welt der Eröffnungs-Skurrilitäten ist nötig, um die Spielweise des deutschen Teilnehmers Bernd Feustel besser verstehen zu können. Er ist nämlich ein hartnäckiger Fan ausgefallener Eröffnungssysteme. Alle Doppelloch-Aufbauten gefallen ihm besonders (mit Weiß spielt er immer – darauf kann man eine Bank wetten – g3, Lg2, b3, Lb2 und irgendwann einmal Sa3 nebst Sc2 – dieser Springer wird schon als ‚Feustel-Springer' gehandelt)", so muß diese Aussage aus berufenem Munde doch wohl irgendwelche Hintergründe haben.
Nun will ich mal aus eigener Sicht heraus die Sache kurz beleuchten und im folgenden dazu Stellung nehmen:
Im Reti-Aufbau sind die Züge: g3, Lg2, Sf3, 0–0, b3, c4, d3 meines persönlichen Spielverständnisses nach sozusagen Standardzüge und sie schaffen dem Weißen eine solide, feste, aber etwas zurückhaltende tendenziell vorsichtige Aufstellung. Es ist eine Sache der Mentalität, ob man als Weißspieler einen solchen Aufbau wählen will und wenn man es tut, so meist aus Überzeugung. Nach dem siebenten Zug stellt sich jetzt jedoch die Frage der weiteren Entwicklung und hier beginnen die eigentlichen Probleme.
Den Läufer wird man in der Regel wohl auf b2 ziehen wollen, doch gibt es berechtigte Gründe diesen Zug noch etwas zurückzustellen, weiß man doch noch keineswegs sicher, ob dieser Läufer nicht vielleicht doch besser auf der Diagonale c1–h6 eingesetzt werden kann. Dann bleibt aber sinnvollerweise nur ein Springerzug als Alternativmöglichkeit für Weiß im achten Zug.
Dem Rösselsprung nach d2 habe ich mitunter früher den Vorzug gegeben, doch beschränkt der d2-Springer die Wirkungsdiagonale des c1-Läufers empfindlich und führt somit zu einer unnötigen Störung des weißen Figurenspiels.
Noch weniger Vertrauen kann ich dem Springerzug nach c3 entgegenbringen. Hier steht der Springer nicht nur systemwidrig, sondern auch noch schlecht und ist zudem Angriffsobjekt, wenn sich Schwarz zu d5–d4 entschließt. Das Spiel, das daraus resultieren könnte, ist für Weiß keineswegs erstrebenswert und somit habe ich auch diesen Zug aus meinen Erwägungen gestrichen. Es führte logischerweise jetzt die Überlegung zum Zug 8. Sa3 und dieser hat meine volle Zustimmung gefunden.
Ich verwende diesen Zug seit einem halben Jahr mit Konsequenz und konnte damit gegen namhafte Gegner gut bestehen. (Vergl. Partie 1–3.)
Das zugrunde liegende Strategem soll hier kurz erörtert werden. Das Vorurteil: „Springer am Rand ist eine Schand" ist zwar in vielen Fällen berechtigt, doch gibt es bekanntlich keine Regel ohne Ausnahme.

Grundstellung nach dem 8. Zug von Weiß:

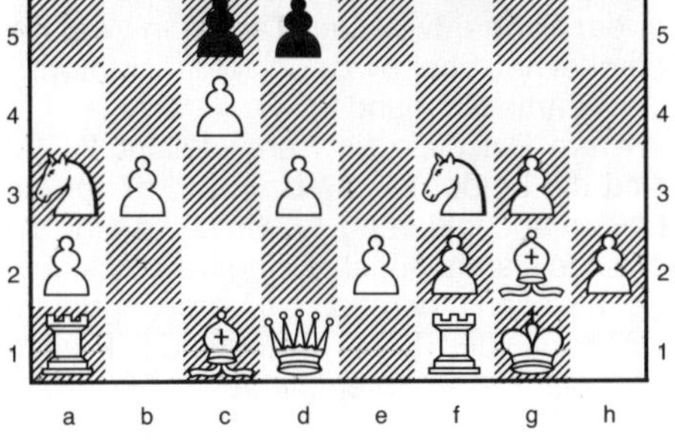

Schon aus Schwarz-Varianten des geschlossenen Benoni war mir die Springerüberführung Sb8–a6–c7 geläufig. Wie Partie Nr. 1 zeigt, kann das Reti-System ohne weiteres in Varianten des geschlossenen Benoni übergehen, worin die erste Legitimation des Zuges 8. Sa3 liegt.
Zum zweiten habe ich eine Unterscheidung getroffen zwischen Einsatz- und Bereitstellungsfelder für Figuren.
Einsatzfelder sind nach meinem Dafürhalten solche, von denen aus die Figuren direkten Anteil am Kampfgeschehen nehmen. Dies sind in der Regel alle Zentrums- und zentrumsnahen Felder.
Als Bereitstellungsfelder bezeichne ich Felder, auf denen die Figuren zwar schon für das Kampfgeschehen einsatzbereit stehen, jedoch noch nicht unmittelbar daran beteiligt sind. Kennzeichnend ist es für Bereitstellungsfelder zudem, daß darauf befindliche Figuren nicht unmittelbar bedroht werden können. In vielen Fällen können sie auf verschiedene Art an das Kampfgeschehen herangeführt werden. Ein wesentliches weiteres Kennzeichen ist, daß das Bereitstellungsfeld für nur eine Figur verplant werden darf und keine gleichzeitige andere Funktion ausübt.
Bereitstellungsfelder sind in aller Regel hinter der eigenen Bauernformation zu suchen und nur in Ausnahmefällen (wie hier auf a3) vor der Bauernfront.
Von a3 aus kann der Springer multifunktionale Wirkungen erfüllen, je nach Erfordernis und Stellungslage. Er kann im Idealfall über b5 zum Angriff schreiten, auf c4 im Falle eines Tausches schlagen, über c2 (Partie Nr. 1) zum Einsatz kommen oder gar, wenn er der Turmentwicklung Tac1 den Weg frei bereitet hat, über b1 zurück verfrachtet werden (Partie Nr. 2 und 3).
Weitere Beispiele für Bereitstellungsfelder sind die Felder b2, b7 bzw. g2, g7 für die Läuferfianchettierung, sowie d2, d7 für die etwaige Damenflügel-Springerentwicklung.
Nach diesen theoretischen Vorerwägungen möchte ich dem Leser die folgenden Partien zum Selbststudium empfehlen.

Partie Nr. 1

Thema: Reti-Eröffnung mit Sa3

Weiß: Feustel
Schwarz: IGM Dr. Pfleger

8. 11. 80 – Bundesliga

1.	Sg1–f3	d7–d5
2.	c2–c4	e7–e6
3.	b2–b3	Sg8–f6
4.	g2–g3	Lf8–e7
5.	Lf1–g2	0–0
6.	0–0	c7–c5
7.	d2–d3	Sb8–c6
8.	Sb1–a3	d5–d4[1]
9.	Sa3–c2	e6–e5
10.	a2–a3	Tf8–e8
11.	Lc1–d2	a7–a5
12.	Ta1–b1	e5–e4[2]
13.	Sf3–g5	e4xd3
14.	e2xd3	Sf6–g4[3]
15.	Sg5–h3	Sg4–e5
16.	Sh3–f4	Lc8–g4
17.	f2–f3	Lg4–f5
18.	Sc2–e1	Le7–d6
19.	Ld2–c1	Se5–g6
20.	Sf4–d5	Sg6–e7[4]
21.	f3–f4	Se7xd5
22.	Lg2xd5	Dd8–d7
23.	Tb1–b2	Lf5–g4
24.	Ld5–f3	h7–h5
25.	Se1–g2	Te8–e7
26.	Tb2–f2	Ta8–e8
27.	Sg2–h4	Ld6–c7
28.	Lc1–d2	Lc7–d8
29.	Sh4–g2	Dd7–f5
30.	Ld2–c1	Te7–e6
31.	Kg1–h1[5]	Ld8–f6
32.	Kh1–g1	Te6–e7
33.	Kg1–h1	g7–g6
34.	Kh1–g1	Sc6–d8
35.	Kg1–h1	Sd8–e6
36.	Tf1–e1[6]	Lg4xf3
37.	Dd1xf3	Se6–g7
38.	Te1xe7	Te8xe7
39.	Tf2–e2	Te7xe2
40.	Df3xe2	Df5–h3

Stellung nach dem 30. Zug von Schwarz:

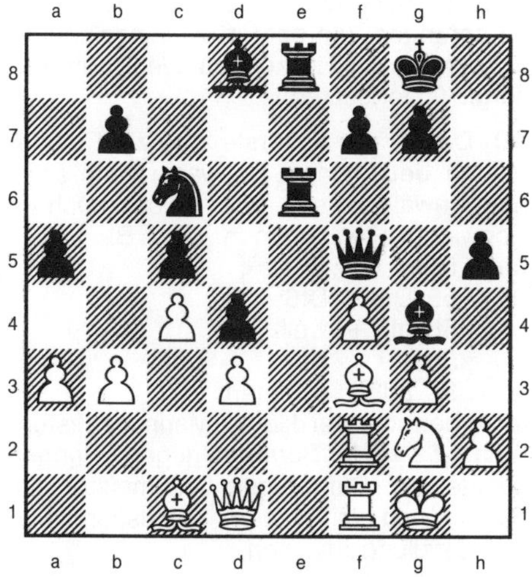

Stellung nach dem 48. Zug von Schwarz:

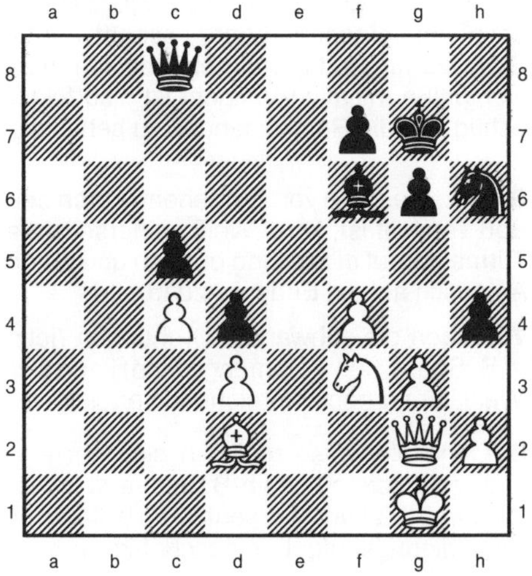

41.	Lc1–d2	Sg7–f5[7]
42.	Kh1–g1	b7–b6
43.	b3–b4[8]	a5xb4
44.	a3xb4	Kg8–g7
45.	b4xc5	b6xc5
46.	Sg2–e1	Sf5–h6
47.	De2–g2	Dh3–c8
48.	Se1–f3	h5–h4[9]
49.	Sf3–g5	h4xg3
50.	Dg2xg3	Sh6–f5
51.	Dg3–h3	Lf6xg5
52.	f4xg5	Dc8–e8
53.	Dh3–f3	De8–e5
54.	Ld2–a5[10]	De5–b8
55.	La5–d2	Db8–e5
56.	Ld2–a5	De5–e7
57.	La5–d2	

Remis

Kommentare:

1 Diese frühzeitige Bauernfestlegung im Zentrum leitet in eine Variante des geschlossenen Benoni über. Der Zug Sa3 erweist sich in diesem Abspiel in der Regel als außerordentlich nützlich, weil der thematische Vorstoß des b-Bauern ohnehin meist der Vorbereitung mittels Sa3/Sc2 bedarf.

2 Zwar kommt Schwarz mit seinem Bauernvorstoß im Zentrum jetzt den weißen Damenflügelaktionen zuvor, doch bleibt der Stellungstypus erhalten und die Partie bleibt im Gleichgewicht.

3 An dieser Stelle war auch Lf5 möglich. Der schwarze Springerzug kam (für mich zumindest) etwas überraschend.

4 Den unliebsamen Eindringling (weißer Zentralspringer d5) will Schwarz sogleich befragen und unschädlich machen.

5 Die weiße Stellung hat zwar vorwiegend defensiven Charakter, ist aber im Remissinn gut spielbar. Solange sich der Anziehende keine Blößen gibt und nicht freiwillig Schwächen im eigenen Lager schafft, kann Schwarz nirgends erfolgreich beikommen. Der weiße Initiative-Verzicht ist also folgerichtig, um die Remischancen zu behalten.

6 Da die e-Linie vorübergehend durch den Se6 verstellt ist, kann Weiß seinerseits die Türme darauf in Stellung bringen und durch Abtausch auf ein Endspiel zuarbeiten.

7 Gegen die schwarzen Drohungen (jetzt z. B. Sg3:+ nebst Damengewinn) kann sich Weiß immer noch hinreichend verteidigen.

8 Originellerweise realisiert sich der thematische Vorstoß des b-Bauern erst im 43. Zug, was bezeugt, wie sehr Weiß bislang mit Verteidigungsaufgaben beschäftigt war.

9 Ein raffinierter Versuch kurz vor der Zeitkontrolle noch die weiße Bauernformation zu sprengen, um später die Einzelbauern besser angreifen zu können. Weiß muß sehr sorgfältig fortsetzen.

10 Das ist der sicherste Weg zur Punkteteilung. Jetzt könnte Schwarz, wenn er es mit Gewalt wissen will, selbst noch in Schwierigkeiten kommen, wie z. B.

nach	54. –	Sh4
	55. Df6+	Df6:
	56. gf6:+	weil
	56. –	Kf6:
an	57. Ld8+	scheitert.

In Anbetracht der klaren Mannschaftsführung 4,5 : 1,5 für Bamberg gegen Erlangen konnte der Bamberger Großmeister am Spitzenbrett mit gutem Gewissen eine Punkteteilung zulassen.

Großmeister Dr. Helmut Pfleger
FC Bayern München

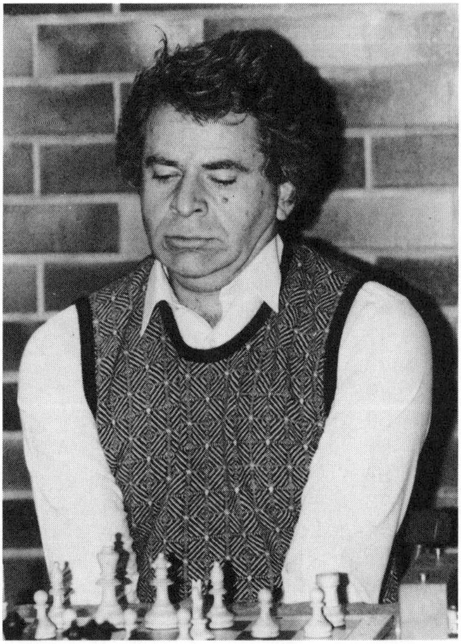

Großmeister Boris Spasskij
SG Solingen

Das Mitwirken zahlreicher Internationaler Großmeister macht die Schach-Bundesliga zur stärksten Schachliga der westlichen Welt

Partie Nr. 2

Reti-Eröffnung mit Sa3

Weiß: Feustel
Schwarz: IGM Spasskij

8. 2. 81 – Bundesliga

1.	Sg1–f3	d7–d5
2.	c2–c4	e7–e6
3.	b2–b3	Sg8–f6
4.	g2–g3	Lf8–e7
5.	Lf1–g2	c7–c5
6.	0–0	Sb8–c6
7.	d2–d3	0–0
8.	Sb1–a3	Lc8–d7[1]
9.	e2–e3[2]	Dd8–b8
10.	Lc1–b2	Tf8–d8
11.	Dd1–e2	Ld7–e8
12.	Ta1–c1	a7–a6
13.	Sa3–b1[3]	b7–b6
14.	Tf1–d1	Ta8–a7
15.	Sb1–d2	Sc6–b4
16.	Lb2–e5	Db8–c8
17.	a2–a3	Sb4–c6

Stellung nach dem 19. Zug von Schwarz:

Bei vollem Brett ist noch immer nichts passiert. Die Kontrahenten tasten sich ab. Wer wird die Initiative übernehmen?

18.	Le5–b2	Dc8–b8[4]
19.	h2–h3	h7–h6
20.	Sf3–h2[5]	d5xc4[6]
21.	Sd2xc4	b6–b5
22.	Sc4–d2	Sc6–e5[7]
23.	d3–d4	c5xd4
24.	Lb2xd4	Ta7–d7
25.	b3–b4	Sf6–d5
26.	f2–f4	Se5–g6
27.	Sd2–b3[8]	Td7–c7
28.	Sh2–g4	Sd5–b6
29.	h3–h4[9]	f7–f6
30.	Sb3–c5	Db8–c8
31.	Lg2–h3[10]	Le8–f7

Nach dem 31. Zug von Weiß Spasskij in Bedrängnis? Der Nachziehende muß die Drohung Sh6+ parieren . . .

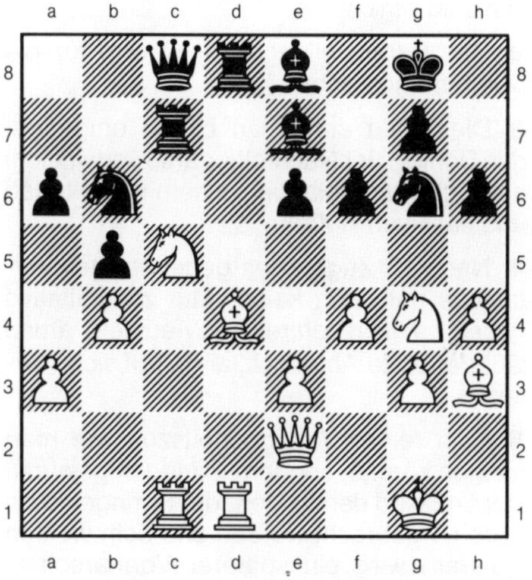

32.	Sg4–f2	Sb6–c4
33.	a3–a4	Le7xc5
34.	Ld4xc5	Sg6–e7
35.	a4xb5	a6xb5
36.	Sf2–d3	Se7–f5[11]
37.	Kg1–h2	h6–h5
38.	e3–e4	Sf5–h6
39.	Sd3–b2[12]	Sc4xb2
40.	De2xb2	Tc7–d7
41.	Db2–e2	Dc8–b7
42.	Lh3–f1	Sh6–g4+
43.	Kh2–g1	Td7xd1

44.	Tc1xd1	Td8xd1
45.	De2xd1	Lf7–g6[13]
46.	Dd1–d3	Lg6xe4
47.	Dd3xb5	Db7–a8
48.	Lc5–d6[14]	Da8–a7+
49.	Ld6–c5	Da7–a8
50.	Lc5–d6	Da8–a7+
51.	Ld6–c5	Da7–a8

Remis

Kommentare:

1 Dieser zurückhaltende Zug überraschte mich etwas. Ich konnte mir zuerst nicht recht denken, welchen Plan Schwarz damit verfolgen will und ich nehme an, daß der Nachziehende mit dem Ergebnis seiner Eröffnungsexperimente wenig zufrieden gewesen sein wird.

2 Das Bereitstellungsfeld e2 wird für die Dame freigemacht.

3 Dies wirkt dem Plan b7–b5 entgegen, den Borik in der Nachfolgepartie verwirklicht hat. Schwarz bleibt bei seinem verhaltenen und passiven Aufbau.

4 Nach 18 Zügen des gegenseitigen Abtastens hat noch keiner Mut zur Initiative gezeigt. Wie in zahlreichen Feustel-Partien läßt der erste Abtausch lange auf sich warten.

5 Kein reiner Verlegenheitszug wie man meinen könnte, sondern mit Ideen gewürzt. Der Lg2 wird demaskiert, der Springer kann nach g4 gebracht werden und dem weißen f-Bauern wird ein späterer Vormarsch in Aussicht gestellt. Zudem könnte ja sogar mal der Damenflügelspringer von d2 über f3 umgruppiert werden.

6 Des Wartens müde eröffnet Schwarz im 20. Zug das eigentliche Kampfgeschehen. Weiß soll vor die Frage gestellt werden, wie er auf c4 zurückschlägt und je nach Geschmack kann Schwarz dann weiter disponieren.

7 Gut gedacht (Druck gegen d3) aber wohl nicht ganz überzeugend. Immerhin scheint Weiß in den folgenden Zügen die größeren Spielanteile zu erlangen und Spasskij muß aufpassen, daß er das Gleichgewicht hält.

8 Weiß steht besser und verfügt über die günstigeren Figurenfelder. Die Diagonalen werden von den weißen Läufern kontrolliert und der d2-Springer strebt nach c5 oder a5 um sich ein Vorpostenfeld zu sichern. Schwarz verharrt vorerst in Passivität und muß froh sein, daß seine Stellung keine entscheidenden Schwächen aufweist.

9 Will mittels h4–h5 nebst Springeropfer auf h6 dem schwarzen Monarchen zu Leibe rücken, wogegen Schwarz aber gerade noch eine Ausrede findet.

10 Mit der Idee Sh6:+ nebst Le6:+ mit Gewinnabsichten. Schwarz weiß aber immer noch allen Drohungen zu begegnen und macht mit der Zeit langsam Befreiungsversuche.

11 Die weiße Initiative ist eingedämmt und Schwarz sucht jetzt nach Gegenspiel auf Zentralfeldern. Das Wegnehmen auf f5 kommt nicht in Betracht, weil davon nur Schwarz profitieren würde.

12 Um den unangenehmen schwarzen c4-Springer zu tauschen und in der Hoffnung, daß sich das weiße Läuferpaar dann doch noch als stark erweist.

13 Im 42. Zug mußte sich Weiß mit Lf1 dazu entschließen, dem Schwarzen das Springerschachfeld g4 einzuräumen. Jetzt erst wird klar, was damit bezweckt war.
45. . . . De 4: scheitert jetzt nämlich an
46. Dd8+ Kh7
47. Ld3,
was freilich ein Weltklassespieler selbst in Zeitnot nicht außer acht läßt.

14 Die hiermit angebotene Zugwiederholung ist in Zeitnot beiden Spielern recht. Weiß könnte nur dann auf Vorteil zählen (mittels Läuferpaar und entferntem Freibauern) wenn er den Damentausch erzwingen könnte, aber das läßt sich eben nicht realisieren. Schwarz seinerseits braucht nichts mehr zu riskieren, weil der Mannschaftskampf für Solingen längst gewonnen ist.

Eine Partie, die beidseitig ideenreich und risikofreudig gespielt wurde und die durchaus dazu geeignet ist, das dumme und haltlose Vorurteil zu entkräften, daß Remispartien uninteressant und langweilig sind.

Partie Nr. 3

Reti-Eröffnung mit Sa3

Weiß: Feustel
Schwarz: Borik

5. 4. 81 – Bundesliga

1.	Sg1–f3	d7–d5
2.	c2–c4	e7–e6
3.	b2–b3	c7–c5
4.	g2–g3	Sb8–c6
5.	Lf1–g2	Sg8–f6

Diagramm nach dem 19. Zug von Weiß:

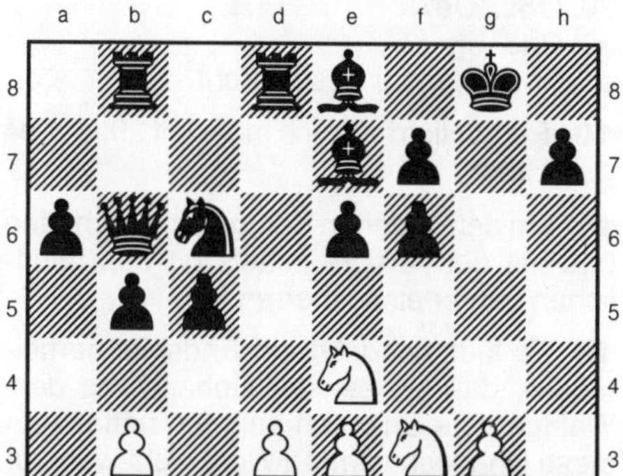

Weiß hat leichte Vorteile zu verzeichnen und steht sehr aussichtsreich.
Dem Schwarzen macht besonders der schwache Königsflügel zu schaffen, woran vor allem die geschwächte Bauernformation Schuld trägt.

6.	0–0	Lf8–e7
7.	d2–d3	0–0
8.	Sb1–a3	a7–a6
9.	e2–e3	Ta8–b8
10.	Dd1–e2	b7–b5
11.	Tf1–d1	Dd8–c7
12.	Lc1–b2	Tf8–d8
13.	Ta1–c1	Lc8–d7
14.	Sa3–b1[1]	Ld7–e8[2]
15.	Lb2xf6	g7xf6[3]
16.	c4xd5	Td8xd5
17.	Sb1–c3	Td5–d8
18.	Sc3–e4[4]	Dc7–b6
19.	De2–b2	e6–e5[5]
20.	Lg2–h3[6]	Sc6–b4
21.	Db2–e2	Le8–c6
22.	Sf3–h4[7]	Sb4xd3
23.	Td1xd3	Lc6xe4
24.	Td3xd8+	Db6xd8[8]
25.	Sh4–f5	Kg8–h8
26.	Tc1–d1	Dd8–f8
27.	Td1–d7	Tb8–b7[9]
28.	Td7xb7	Le4xb7
29.	De2–h5	Lb7–c8[10]
30.	Sf5xe7	Lc8xh3
31.	Se7–d5	Df8–d8
32.	Dh5xf7	c5–c4

Diagramm nach dem 32. Zug von Schwarz:

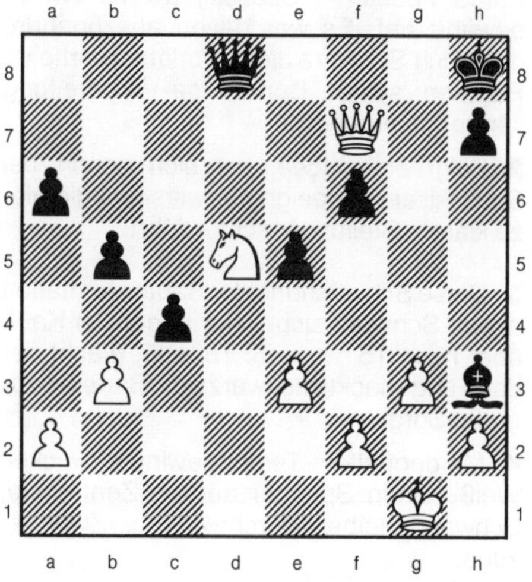

33.	b3xc4	b5xc4
34.	f2–f3[11]	Lh3–f5
35.	Kg1–f2	e5–e4
36.	f3xe4	Lf5xe4
37.	Df7xf6+	Dd8xf6+
38.	Sd5xf6[12]	Le4–c6
39.	Kf2–e2	Kh8–g7
40.	Sf6–g4	h7–h5
41.	Sg4–f2[13]	Kg7–f6
42.	Ke2–d2	Kf6–e5
43.	Kd2–c3	Lc6–d5
44.	Kc3–b4	c4–c3
45.	Kb4xc3	Ld5xa2
46.	Kc3–b4	La2–d5
47.	Kb4–a5	Ld5–c4
48.	Ka5–b4	Lc4–b5
49.	Kb4–c5	Lb5–e2
50.	Kc5–b4	Le2–f1
51.	Kb4–a5	Lf1–e2
52.	Sf2–h3	Ke5–e4
53.	Sh3–f4	Ke4xe3
54.	Sf4xh5	Le2xh5
55.	Ka5xa6	

Remis

Kommentare:

1 Damit hat Weiß nach 14 Zügen dieselbe Aufstellung erreicht, die sich auch in der Partie Feustel – Spasskij (Partie Nr. 2) bewährt hat. Es war davon auszugehen, daß auch Schwarz diese Vorläuferpartie im Rahmen seiner Bundesliga-Vorbereitung kennengelernt hatte.

2 Folgt einer Idee, die sich schon bei Spasskij als ungeeignet erwies und die hier zu klarem Stellungsnachteil führt.

3 Diese Schwächung der Bauernformation nimmt Schwarz sicher nur ungern in Kauf, aber nach 15. . . . Lf6: 16. cd5: macht der dann ungedeckte schwarze c5-Bauer allzugroße Sorgen.

4 Mit doppeltem Tempogewinn entwickelt Weiß seinen Springer auf ein Zentralfeld, Schwarz bleiben durchweg nur Zwangszüge.

5 Wohl noch das kleinste Übel. Wegen der außerordentlich gefährdeten Königsstellung sind 19. . . . Kg7 bzw. 19. . . . f5 nicht zu empfehlen.

6 Markiert die Felderschwäche f5, woraus Weiß bei exaktem Spiel im weiteren Partieverlauf Kapital schlagen sollte.

7 Ein unerklärlicher, grober Fehler. Nach 22. Lf5 hätte am weißen Vorteil keinerlei Zweifel bestanden, weil dann der bedrohte e4-Springer zusätzlich überdeckt wäre. Es war klar, daß sich der Taktiker Borik den nunmehr möglichen Einschlag auf d3 nicht würde entgehen lassen und danach ist das Spiel wieder offen.

8 Ob dies oder vielleicht eher Td8: ist Geschmackssache, immerhin krankt das schwarze Spiel trotz Mehrbauern noch immer an seiner offenen Königsstellung.

9 Gerade noch ausreichend, um allen Gefahren Herr zu werden. Demgegenüber hätte die Zugfolge 27. . . . Td8 wegen
28. Te7: Lf5:
29. Lf5: De7:
30. Dh5 (+ –)
schon nicht mehr ausgereicht.

10 Persönlich hatte ich mehr mit 29. . . . Le4 gerechnet

11 um dem eigenen König Luft zu schaffen und mit der Absicht mittels g4 den feindlichen Läufer einzusperren.

12 Es läßt sich jetzt ein Endspiel herbeiführen, das bei exakter Behandlung dem Weißen gute Chancen geboten hätte, aber diese Chancen vermag Weiß nicht wahrzunehmen.

13 Eine unflexible und passive Springerposition, die im Gewinnsinne natürlich extrem ungeeignet ist.
Es ist nicht zu leugnen, daß Weiß das Endspiel sehr schwach behandelt und die sich bietenden Chancen überhaupt nicht erkennt.

Zum Thema II:

Englisch mit b4

1.	Sf3	Sf6
2.	g3	g6
3.	Lg2	Lg7
4.	0–0	0–0
5.	c4	d6
6.	Sc3	e5
7.	b4!	

Stellung nach dem 7. Zug von Weiß:

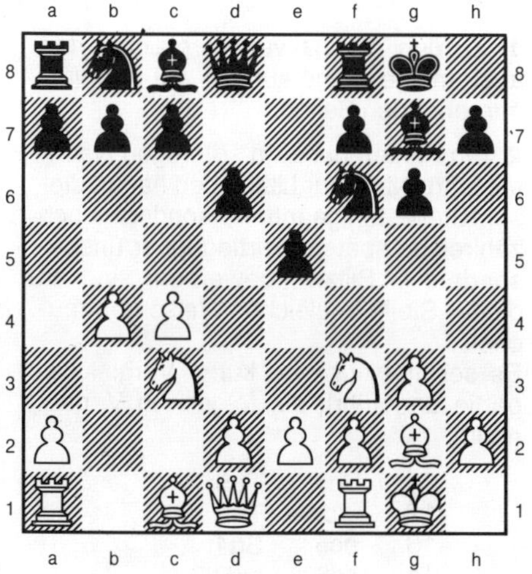

Der hauptsächliche Sinn dieses Zuges besteht darin, die theorieüblichen Stellungstypen nach 7. d4 zu vermeiden.
Die Chancen des Weißen liegen in dieser Variante dann naturgemäß am Damenflügel, während er die Zentrumsbauern vorerst zurückhält.
Durch die vorläufig noch ungeschwächte weiße Bauernstruktur: d2/e2/f2/g3/h2 erschwert man dem Gegner den Aufbau eines effektiven Gegenangriffs erheblich, da je nach Lage der Dinge eine dynamische Verteidigungslinie gebildet werden kann. Daraus ergibt sich für Schwarz eine ganz anders geartete Aufgabe als in den theorieüblichen Abspielen und er wird – so er nicht schon zuvor mit dieser Stellungsstruktur konfrontiert wurde – einen Teil seiner Bedenkzeit darauf verwenden müssen, die optimale Erwiderung zu finden. Es sei hier eine provisorische Gliederung der möglichen Erwiderungen versucht, wenngleich das noch spärliche mir verfügbare Partienmaterial dies erschwert.

a) sofortige schwarze Gegenaktion mittels 7. ... a5 — vergleiche Partie Nr. 4
b) sofortige schwarze Königsflügelaktion z. B. mittels 7. ... Sh5 — Partie Nr. 5
c) natürliche schwarze Weiterentwicklung ohne besondere Beachtung des weißen Planes, z. B. 7. – Sc6, 7. – c6, 7. – Sd7, 7. – Te8 — Partie Nr. 6

Freilich können die oben unterschiedenen Möglichkeiten a, b, c in vielfältiger Weise ineinander übergehen.

Nun soll keineswegs der Eindruck erweckt werden, als könne der Zug 7. b4 die Ausgangslage zugunsten von Weiß verändern. Das ist selbstverständlich nicht der Fall. Vielmehr liegt der erstrebte Effekt insbesondere darin, dem königsindischen Theorie-Varianten-Komplex ein Schnippchen zu schlagen und einen etwaigen Theorie-Wissensvorsprung des Gegners in der Praxis durch eigene Denkanstöße zu entwerten.
In der Partie Nr. 4 (Feustel – Littlewood) London 1974, fiel der Nachziehende schon im Eröffnungsstadium einer Kombinatorischen Wendung zum Opfer und verlor danach chancenlos.
In der Partie Nr. 5 (Feustel – Frolik) ergreift mein Gegenüber zwar die Möglichkeit, mit aktivem Spiel am Königsflügel Gegenaktionen in die Wege zu leiten, doch krankt Schwarz in dieser Partie an seiner unharmonischen Figurenaufstellung und an unvollständiger Entwicklung.
In der Partie Nr. 6 (Feustel – Budde) schließlich erweist sich die Wichtigkeit der Zentralfelderbeherrschung. Nachdem Weiß das Vorpostenfeld d5 unumstritten behauptet, ist die Realisation seines Stellungsvorteils nur noch eine Frage der Zeit.

Partie Nr. 4

Englisch mit b4

Weiß: Feustel
Schwarz: J. Littlewood

14. 9. 74 – London

1.	Sg1–f3	Sg8–f6
2.	c2–c4	g7–g6
3.	g2–g3	Lf8–g7
4.	Lf1–g2	0–0
5.	0–0	d7–d6
6.	Sb1–c3	e7–e5
7.	b2–b4	a7–a5[1]
8.	b4–b5	Sb8–d7
9.	Lc1–a3	Tf8–e8
10.	Ta1–c1	Sd7–c5?[2]
11.	Sf3–e5	Te8xe5

Diagramm nach dem 11. Zug von Weiß

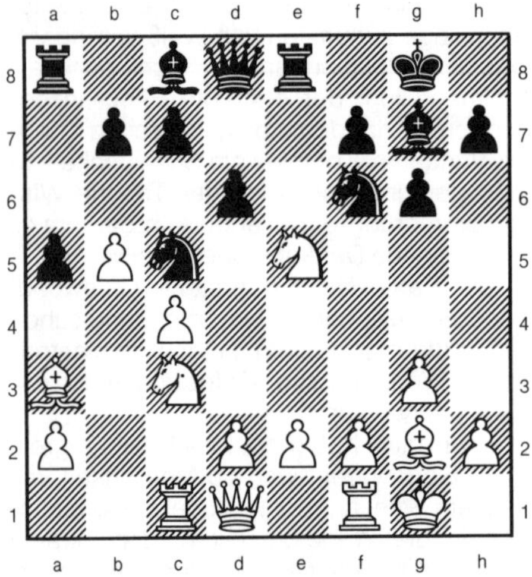

Kommentar zum Diagramm:

Was soll Schwarz tun in seiner Not?
Der Partieverlauf 11. – Te5: gibt dem Nachziehenden ebensowenig Kompensation für den verlorenen Bauern, wie die möglichen Alternativen: 11. – de5: 11. – Se6 11. – Le6

12.	d2–d4	Te5–h5
13.	d4xc5	Sf6–g4[4]
14.	c5xd6	Lg7–f8
15.	d6xc7	Dd8xd1
16.	Tc1xd1	Lf8xa3
17.	Td1–d8+	Kg8–g7
18.	Lg2xb7	Lc8xb7
19.	Td8xa8	Th5xh2
20.	Sc3–d5	

1 : 0

Kommentare:

1 Zu den Alternativen vergleiche man auch meine Bemerkungen auf den vorhergehenden Seiten.

2 Ein Fehler, der zum sofortigen Nachteil führt. Nicht nur Littlewood hat an dieser Stelle fehlgegriffen, sondern auch zahlreiche spätere Partiegegner (insbesondere in Blitzwettbewerben) sind an dieser Stelle in gleicher Weise gestrauchelt.
Es sei hier nur eine kurze Vergleichspartie angeführt, die folgenden Verlauf nahm:

11.	Se5:	Te5:	
12.	d4	Th5	
13.	dc5:	Sg4	
14.	cd6:	cd6:	
15.	Dd6:	Dd6:	
16.	Ld6:	Sh2:	
17.	Tfd1	Lh6	
18.	Lf4		**1 : 0**

So geschehen August 1979 beim Maintal-Open in der Partie Feustel gegen J. Fischer Mainz.

3 Auch nach 11. . . . de5:
12. Lc5:
behält Weiß einen Mehrbauern und besitzt gute Gewinnchancen.

4 Die einzige sinnvolle Alternative liegt wohl in 13. . . . Lh3, was aber nach 14. Lh3: Th3: 15. cd6: den weißen Vorteil ebenfalls nicht in Frage stellt.

Partie Nr. 5

Englisch mit b4

Weiß: Feustel
Schwarz: Frolik

17. 9. 78 – Junioren-Vierländer-Turnier

1.	Sg1–f3	Sg8–f6
2.	c2–c4	g7–g6
3.	g2–g3	Lf8–g7
4.	Lf1–g2	0–0
5.	0–0	d7–d6
6.	Sb1–c3	e7–e5
7.	b2–b4	Sf6–h5
8.	Ta1–b1	f7–f5[1]
9.	Dd1–b3	Kg8–h8
10.	d2–d3	f5–f4
11.	c4–c5	Sb8–d7
12.	c5xd6	c7xd6
13.	d3–d4	Sd7–b6
14.	Tf1–d1[2]	g6–g5[3]
15.	d4xe5	g5–g4
16.	Td1xd6	Dd8–e7
17.	Sf3–h4	Lg7xe5[4]
18.	Td6–h6[5]	De7–e8

Stellung nach dem 18. Zug von Weiß

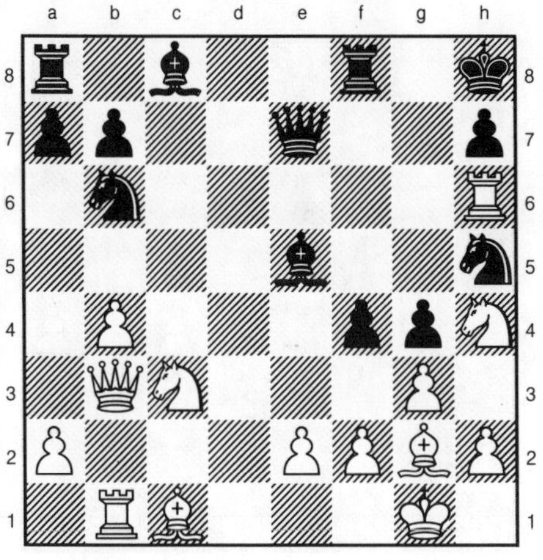

19.	Lg2–e4	Sh5–f6
20.	g3xf4	Le5–d4
21.	Le4–g6	De8–c6
22.	Sc3–e4	Lc8–e6[6]
23.	Se4xf6	Tf8xf6
24.	Db3–d3	Ta8–d8
25.	Lc1–b2	Ld4xf2+[7]
26.	Kg1xf2	Td8xd3
27.	Lb2xf6+	Kh8–g8
28.	Th6xh7	g4–g3+
29.	h2xg3	Kg8–f8[8]
30.	Lg6xd3	Le6xa2
31.	Sh4–g6+	Kf8–e8
32.	Th7–e7+	Ke8–d8
33.	Te7–e6±	

1 : 0

Kommentare:

1 Dem weißen Spiel am Damenflügel mit einer Aktion am Königsflügel entgegenzutreten, ist zwar eine bewährte und sinnvolle Strategie, doch im Folgenden erweist sich das schwarze Spiel als unkoordiniert und die Entwicklung als mangelhaft.

2 Sobald Weiß die Herrschaft über die Zentralfelder und insbesondere die d-Linie erzielt, ist das Gegenspiel nur noch halb so gefährlich.

3 Ein eklatanter Mißgriff, der von fehlerhafter Stellungsbeurteilung zeugt. Es war unbedingt erforderlich, die schwarze Dame aus der gefährdeten d-Linie nach e7 wegzuziehen und danach die Entwicklung mittels Läufer e6 zu beschleunigen. Erst damit hätte Schwarz sich konsolidieren und die eigenen Chancen aufspüren können, während der jetzt voreilig betriebene g-Bauern-Vorstoß mühelos widerlegt wird.

4 Auch das Nehmen mit der Dame auf e5 ist nicht besser. Weiß spielt am einfachsten Se4 und besetzt dann mittels Lb2 die lange Diagonale, um gegen die feindliche Königsstellung zu drücken.

5 Damit hatte Schwarz wohl nicht gerechnet. Das weiße Stellungsübergewicht wird dadurch gesichert. Während ein Rückzug des Turms auf der d-Linie dem

Schwarzen noch reales Gegenspiel ermöglicht hätte.

6 Auf dieses Feld sollte der Läufer schon lange vorher entwickelt werden. Jetzt im 22. Zug kommt er schon zu spät, um die drohenden Gefahren noch abzuwenden.

7 Führt zwar zum Damengewinn, doch ist damit der Sache nicht geholfen. Die ideal postierten weißen Leichtfiguren lassen den schwarzen Monarchen nicht mehr zur Ruhe kommen.

8 Hier könnte der Nachziehende schon langsam aufgeben, aber er will es sich halt noch zeigen lassen. Es stehen jetzt schon verschiedene Wege zur Auswahl, um den weißen Sieg klarzustellen.

Partie Nr. 6

Englisch mit b4

Weiß: Feustel
Schwarz: Budde

14. 5. 80 – Bad Mondorf

1.	Sg1–f3	g7–g6
2.	c2–c4	Lf8–g7
3.	g2–g3	Sg8–f6
4.	Lf1–g2	0–0
5.	0–0	d7–d6
6.	Sb1–c3	e7–e5
7.	b2–b4	Tf8–e8[1]
8.	Lc1–a3[2]	Sb8–d7
9.	Ta1–c1	Sd7–f8
10.	d2–d3	Lc8–d7
11.	Dd1–b3	c7–c6
12.	Tf1–d1	Dd8–c8
13.	Sf3–g5[3]	Sf8–e6
14.	Sg5–e4	Dc8–b8
15.	e2–e3[4]	Te8–d8
16.	b4–b5	c6–c5[5]
17.	Se4xf6+	Lg7xf6
18.	Sc3–d5[6]	Lf6–g7
19.	La3–b2	Td8–e8
20.	Td1–d2[7]	Db8–d8
21.	Tc1–f1	Te8–f8

nach dem 16. Zug von Schwarz:

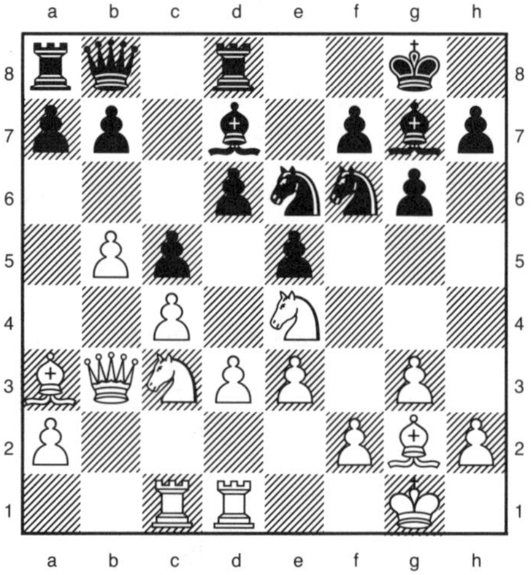

22.	f2–f4	f7–f5
23.	Lb2–c3	e5xf4
24.	g3xf4[8]	Tf8–f7
25.	Db3–b2	Dd8–f8
26.	Lg2–f3	Df8–d8[9]
27.	Td2–g2[10]	Lg7xc3
28.	Db2xc3	a7–a5[11]
29.	h2–h4[12]	Dd8xh4

nach dem 29. Zug von Weiß:

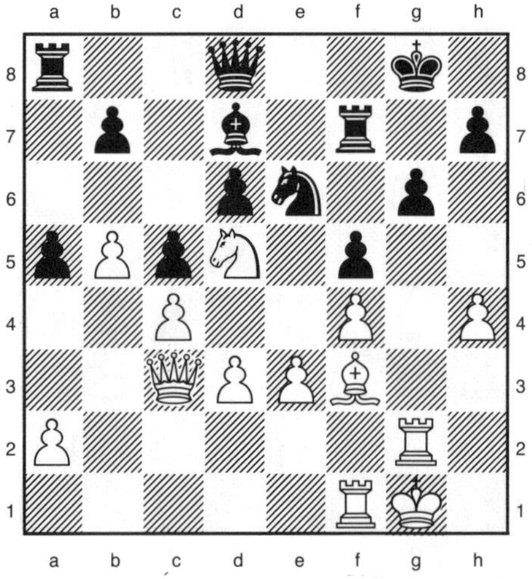

30.	Sd5–b6	Ta8–a7
31.	Sb6xd7	Tf7xd7
32.	Lf3–d5	Kg8–f7
33.	Dc3–h8[13]	Dh4–f6
34.	Dh8xh7+	Kf7–e8
35.	Dh7xg6+	Df6xg6
36.	Tg2xg6	Se6–g7
37.	Kg1–f2	Td7–e7
38.	Tf1–g1	b7–b6
39.	Tg6xd6	

1 : 0

Kommentare:

1 Eine gute und sinnvolle Alternative zu den Zügen 7 . . . a5 (Partie 4)
bzw. 7 . . . Sh5 (Partie 5)

2 will dieselben Pläne verfolgen, wie schon im vorhergehenden skizziert:
Druck gegen c5/d6

3 Weiß hat seine Entwicklung abgeschlossen und muß jetzt umgruppieren. Der Springerzug ist multifunktional:
Eventualdrohung gegen f7, Deckung von h3 verbunden mit dem Plan der Überführung nach e4.

4 Weiß muß verhindern, daß sich ein störender schwarzer Springer auf d4 niederläßt. Deswegen bedarf es dieses Sicherungszuges.

5 Ein zweischneidiger Zug, den Schwarz sicher nicht gerne macht. Das Vorpostenfeld d5 lädt geradezu ein und die weißen Leichtfiguren werden sich darauf tummeln. Strategisch ist Schwarz jetzt schon arg in Bedrängnis, was freilich erst ausgenützt werden muß.

6 Mit Tempogewinn auf das Idealfeld. Was will man mehr.

7 Zwar ohne direkte Absichten, doch sehr elastisch ist der Turm auf d2 postiert. Er macht seinem c1-Kollegen den Weg zur Königsseite frei und reserviert das Eventualfeld d1 auch als Rückzugsfeld der weißen Dame.

8 Das Nehmen auf f4 konnte auf vielfältige Art geschehen, doch ist der gewählte Weg zweifelsohne der Nachhaltigste.

9 Das laufende Grundlinienpendeln der schwarzen Dame (schon ihr fünfter Zug) zeugt von der mangelnden Flexibilität der schwarzen Position. Der Nachziehende schaut fast tatenlos zu, was da auf ihn zukommt.

10 Weiß baut seine Idealstellung weiter aus und überstürzt nichts.

11 Eine Unbedachtheit.
Schwarz sollte die Schwächung des Feldes b6 auf keinen Fall freiwillig in Kauf nehmen.

12 Ein konsequentes und zielstrebiges Vorgehen. Schwarz steht bald vor unlösbaren Problemen.

13 Dies entscheidet jetzt endgültig die Partie, weil die deplazierten (Ta7) bzw. gefesselten (Se6) schwarzen Figuren nicht mehr zu einem geordneten Zusammenspiel in der Lage sind.
Das scheinbar noch mögliche 33. . . . Td8 wird durch folgende Varianten widerlegt:
34. Le6:+ falls Ke7 35. Lg8 (+ –)
falls Ke6: 35. Tg6:+! (+ –)

Zur Unterteilung der zu besprechenden Schwarzpartien in die Themen-Kreise:

Modern Defence ohne Sf6
bzw. Robatsch-Verteidigung

Ich war mir lange Zeit nicht klar, mit welchen Unterscheidungs-Kriterien ich an die zu behandelnden Schwarz-Partien herangehen würde und welche Namensgebung ich dabei vornehmen sollte. Dabei stellt die gängige Fachliteratur kaum ein geeignetes Hilfsmittel dar, weil ein und dieselbe Partie da als Königs-Fianchetto, hier als Modern Defence, dort als Pirc-Ufimzew, an anderer Stelle als Robatsch-Verteidigung und wieder andernorts als Hippopotamus – oder gar unter Umgehung der terminologischen Schwierigkeiten als Unregelmäßig bezeichnet wird.
Ich will nicht versuchen, diese babylonische Sprachenverwirrung aufzuklären, sondern nur kurz die Begründung meiner Zweiteilung bzw. Namensgebung liefern.
Die Bezeichnung Königs-Fianchetto betrifft alle meine Partien /7–32/ und wird von mir als zu undifferenziert und zu allgemein außer acht gelassen.
Den Begriff Hippopotamus betrachte ich als reinen Scherznamen und will ihn deshalb ebenfalls nicht gebrauchen.
Für die Pirc-Eröffnung wiederum ist das frühe Sf6 kennzeichnend, das ich selbst nicht so gern anwende.
Ich habe somit auf die beiden verbliebenen Bezeichnungen zurückgegriffen und die Entwicklung des Königsflügelspringers als vorrangiges Entscheidungskriterium angesehen. Wird er nach h6 – Partie 7/9/10/11 – gezogen oder mit Verzögerung (im siebenten Zug) über f6 ins Spiel gebracht – Partie 8/12 – so will ich von Modern Defence ohne frühzeitiges Sf6 sprechen.
Wird er nach e7 entwickelt und sind zusätzlich auch die anderen signifikanten Züge der Robatsch-Verteidigung geschehen, so spreche ich von einer vollständigen oder teilweisen Robatsch-Verteidigung. Ich glaube mit dieser meiner Verfahrensweise einen gangbaren Weg gefunden zu haben.

Zum Thema III

Modern Defence

Während es sich bei den bisherigen Themenkreisen:
I Reti System mit Sa3
II Englisch mit b4
um leicht überschaubare Gebiete gehandelt hat, die mit jeweils 3 Partien aufgrund des begrenzten Materials in chronologischer Reihenfolge und ohne weitergehende Unterscheidungskriterien dargeboten werden konnten, sind die Feustelschen Schwarz-Partien ungleich schwerer in den Griff zu bekommen und nur mit Mühe zu unterteilen.
Die Bezeichnung Königs-Fianchetto allein würde eine nicht vorhandene Uniformität vortäuschen, weshalb ich für die Partien Nr. 7–12 auf die nützliche, wenn auch umstrittene Bezeichnung Modern Defence ausweichen will.
Da es schwer ist Grundmuster festzulegen, beschränke ich mich vornehmlich auf die Unterscheidung der Königsflügel-Springer-Entwicklung
nach f6: Partie Nr. 8, 12, 12a
nach h6: Partie Nr. 7, 9, 10, 11
nach e7: Partie Nr. 13 und alle folgenden.
Von f6 aus kann der Springer zwar unmittelbaren Einfluß auf das Zentrum ausüben, doch steht er stärker exponiert und ist eine potentielle Angriffsmarke für einen weißen Zentralbauernvorstoß.
Auf h6 steht der Springer deutlich abseits, kann aber wiederum nicht so leicht belästigt werden.
Des weiteren möchte ich mit den beiden folgenden Diagrammen 2 Themastellungen unterscheiden, die lediglich darin voneinander abweichen, daß in einem Falle Weiß der Läuferentwicklung:
c1–e3 (vergl. Diagramm rechts)
den Vorrang einräumt, während im anderen Fall zuerst der weiße Springer:
g1–f3 (vergl. Diagramm links)
ins Spiel gebracht wird.

Themastellung nach dem 5. Zug von Schwarz in den Partien:
Nr. 7 (Botterill – Feustel)
Nr. 8 (Nunn – Feustel)
Nr. 9 (Wimmer – Feustel)
Nr. 12 (Hort – Feustel)

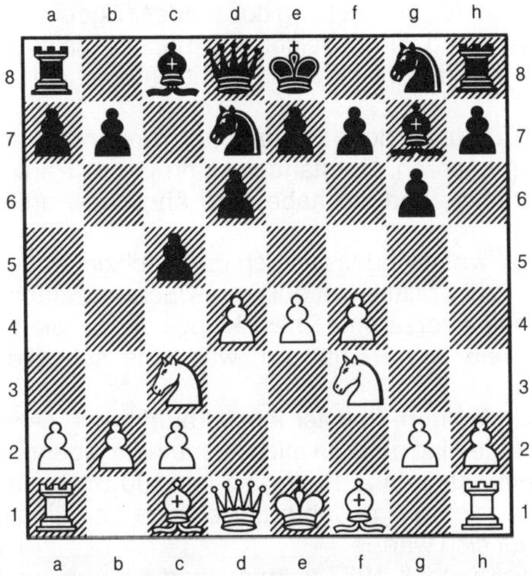

Themastellung nach dem 5. Zug von Schwarz in den Partien:
Nr. 10 (van der Wiel – Feustel)
Nr. 11 (Kavalek – Feustel)

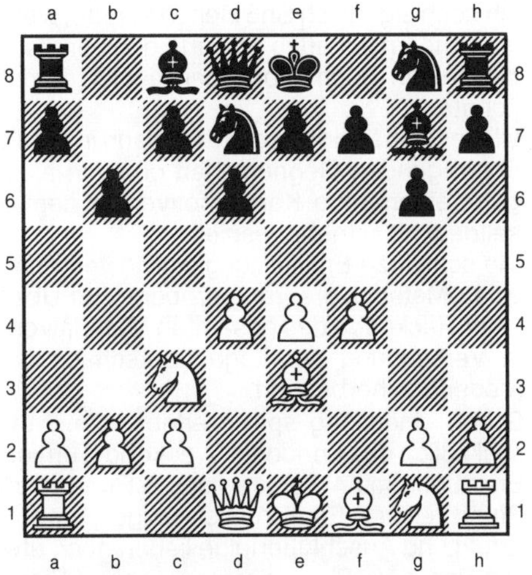

Zu den Partiebeispielen 7–12

Hatte ich noch wenige Monate zuvor bei der NDEM 1974 in Menden mit meinem Schwarz-Eröffnungs-Repertoire mit 2 aus 8 (25%) gegenüber einem Weißscore von 4,5 aus 7 (64%) erheblich Schiffbruch erlitten, so kamen die Partien Nr. 7 und 8 im Londoner Einladungsturnier für mich wie ein warmer Regen, segensreich für das angeschlagene Selbstbewußtsein und überraschend zudem. Zwar war Nunn damals noch kein renommierter Titelträger, aber wie Dr. Cherubim, der leider inzwischen verstorbene Englandkenner schreibt, schon damals eine der größten englischen Nachwuchshoffnungen. Ein Wort des Gedenkens sei hier dem verstorbenen Schachidealisten, Herrn Dr. Reinhard Cherubim gewidmet, dessen Kontakte zu England gar manchem deutschen Spieler zugute gekommen sind. Ich selbst freilich lernte Herrn Dr. Cherubim erst 1977 persönlich kennen und verdanke meine Teilnahmemöglichkeit in London vielmehr dem Bamberger Großmeister und damaligen Vereinskollegen Lothar Schmid, der – selbst nach London eingeladen – es eingerichtet hat mir zumindest das Mitspielen dort zu ermöglichen, obgleich er selbst von einer Teilnahme Abstand nehmen mußte.
Die Londoner Partien Nr. 4, 7 und 8 gehören noch heute zu meinen schönsten Jugenderinnerungen und ich habe mich besonders gefreut, als ich die Nunn-Partie sogar im Schach-Informator Band 18 wiederfinden konnte, was mir damals viel bedeutete.
Da die Partien für sich selbst sprechen, seien hier nur kurz einige kleine Nebenbemerkungen gemacht:
Daß Botterill Mitautor verschiedener Eröffnungsbücher gerade auf diesem Sektor ist, war

mir glücklicherweise damals vor der Partie nicht bekannt, andernfalls hätte ich es mit Sicherheit nicht gewagt, so unbefangen gegen ihn zu Felde zu ziehen.
Dem sechsten Zug ging unbemerkt folgende Episode voraus: ich hatte zuerst den Zug Sb6 ins Auge gefaßt und auch bereits auf dem Partieformular notiert (recht unleserlich freilich!). Als ich bei nochmaliger Überlegung der Nachteile des geplanten Springerzuges b6 gewahr wurde, nahm ich von dieser Idee Abstand. Urplötzlich kam mir der absurde Gedanke, daß ich doch eigentlich Sh6 ziehen könnte, was nicht nur für die Deckung des Feldes f7 geeignet ist, sondern mir auch ersparte den bereits notierten Zug durchstreichen zu müssen, da man die beiden Buchstaben bei meiner damaligen Handschrift sowieso nicht unterscheiden konnte.
Diese Schnapsidee setzte ich dann in die Tat um, hatte ich doch im Londoner Turnier bei der überragenden Gegnerschaft ohnehin nichts zu verlieren. So standen dann in der Partie ganz eigenartige Kampfmotive auf dem Programm, und ich habe eine ähnliche Partie seitdem nicht mehr gespielt.
Die schwarze Entwicklung wurde vernachlässigt, währenddessen sich der Nachziehende einen Materialvorsprung eroberte. Im Übergang zum Mittelspiel gelingt es Schwarz dann unter Rückgabe des gesamten Materialvorteils seine versäumte Entwicklung nachzuholen. In Verkennung der Lage überschätzt dann Weiß seine Chancen, was eine schnelle Niederlage herbeiführt.
Schon einen Tag später erlebte die Partie Nr. 8 Nunn–Feustel ihre Uraufführung. Als schließlich das Londoner Weekend-Turnier zu Ende ging, sah ich mich zu meinem eigenen Erstaunen mit 4 Punkten aus 5 Runden auf dem geteilten 2. Rang und um 100 Britische Pfund reicher. Freilich blieb obiges Ergebnis für mich einige Jahre der einzige Vorzeige-Erfolg und Anschlußerfolge ließen noch etwas auf sich warten.
Die Partie Nr. 9 aus der Bayerischen Einzelmeisterschaft 1977 dokumentiert eine besondere und bislang noch wenig erprobte Opfervariante.
Die dazu gehörende Stamm-Variante, bei der Weiß auf die lange Rochade verzichtet, beinhaltet hochinteressante taktische Möglichkeiten. Ich möchte in folgendem eine kurze Varianten-Analyse einfügen, wenngleich sich kein zur Veröffentlichung geeignetes Partienmaterial dazu auffinden läßt. Tatsächlich mit dieser Variante gespielte Partien entstammen entweder Blitz- oder Schnellturnieren, liegen lange zurück oder sind ob ihrer Fehlerhaftigkeit nicht publikationswürdig.

Nebenstehendes Diagramm entsteht aus nachstehender Zugfolge:

1.	e4	g6
2.	d4	Lg7
3.	Sc3	d6
4.	f4	Sd7
5.	Sf3	c5
6.	Le3	b6
7.	Lc4	Sh6
8.	h3	0–0
9.	Dd2	Sf6
10.	f5	Se4:
11.	Se4:	sf5:

nach dem 11. Zug von Schwarz:

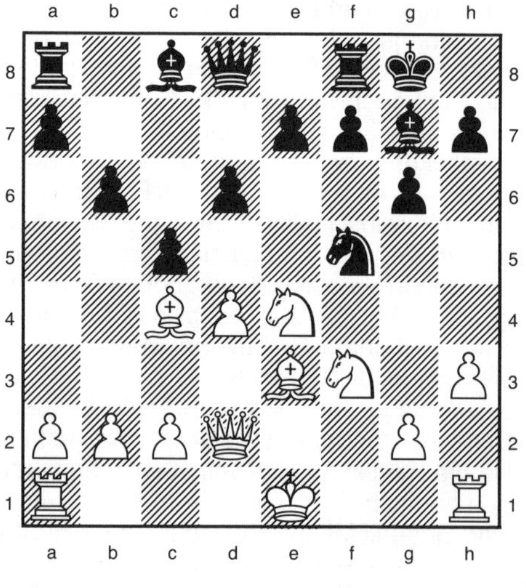

Stellungsbetrachtung: Weiß ist mit einer Figur im Vorteil und ist voll entwickelt.
Schwarz hat seine Entwicklungsprobleme unter Figurenopfer gelöst. Für das geopferte Material konnte er zwei Bauern und die Initiative eintauschen.
Freilich liegt es am individuellen Stellungsgefühl, ob man sich als Nachziehender auf diese abenteuerlichen und unübersichtlichen Verwicklungen einlassen oder besser dem Pfad der Tugend (sprich: der Theorie) folgen will.
Die Fortsetzungsmöglichkeiten sind für beide Seiten mannigfaltig. Einige Eventualbeispiele als Denkanstoß:

A) 12. 0–0–0 Lb7
13. d5 b5
führt mit Zugumstellung zur Partie Nr. 9

B) 12. Sc3 Lb7
sehr unklar

C) 12. d5 b5
Schwarz hat Schwindelchancen

D) 12. Ld5 La6
13. La8: Da8:
Wildwestschach für risikofreudige Spieler

Über die Korrektheit der angeführten Variante ist zwar mangels praktischer Partiebeispiele noch kein abschließendes Urteil möglich, jedoch besitzt sie den unbestreitbaren Vorzug, bislang theoretisch noch unentdeckt und unerforscht zu sein.
Die Partien Nr. 10–12 sind erst im Frühjahr dieses Jahres gespielt und somit hochaktuell.
Kurz vor Abschluß des Manuskripts wurde am 10. Mai noch die Partie Lobron–Feustel in der Bundesliga fabriziert und verlegenheitshalber als Nr. 12a eingeschoben.
Die Eröffnung der Partie Nr. 10 ist ein Gemisch aus verschiedenen Motiven. Nach der zeitraubenden Springerwanderung: g8–h6–g8–e7 spielt Schwarz praktisch mit zwei Minustempi. Dies hat zur Folge, daß der weiße g-Bauer statt auf g2 schon auf g5 postiert ist und im Partieverlauf wirkt er selbstschädigend und hemmt den weißen Angriff.

In der Nr. 11 blieb ich gegen IGM Kavalek chancenlos, was aber zum größten Teil dem Mittelspielfehler Tc5 und nur zum geringeren Teil der etwas mißglückten Eröffnung anzulasten ist.
Die Partien Nr. 12 und 12a folgen bis zum 7. Zug in der Eröffnung dem Vorbild der Partie Nr. 8 (siehe Diagramm!) und gehen erst dann eigene Wege.

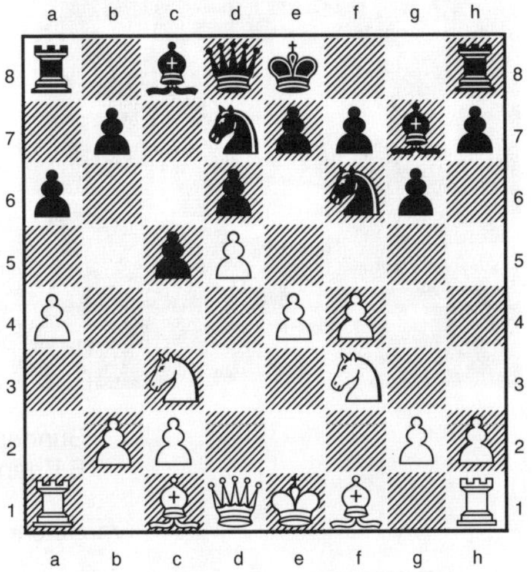

Partie Nr. 7

Modern Defence ohne Sf6

Weiß: Botterill
Schwarz: Feustel

14. 9. 74 – London

1.	e2–e4	g7–g6
2.	d2–d4	Lf8–g7
3.	Sb1–c3	d7–d6
4.	f2–f4	Sb8–d7
5.	Sg1–f3	c7–c5
6.	Lf1–c4	Sg8–h6[1]
7.	0–0[2]	c5xd4
8.	Sf3xd4	Dd8–b6
9.	Lc1–e3	Sh6–g4[3]

Bundesliga-Runde
TB Erlangen – Mainz

(vergleiche Partie Nr. 12a!)

Fotos: Stümpel

10.	Dd1xg4[4]	Lg7xd4
11.	Sc3–d5[5]	Ld4xe3+
12.	Kg1–h1	Db6–c5[6]
13.	Dg4–e2	Le3–d2[7]

nach dem 13. Zug von Schwarz:

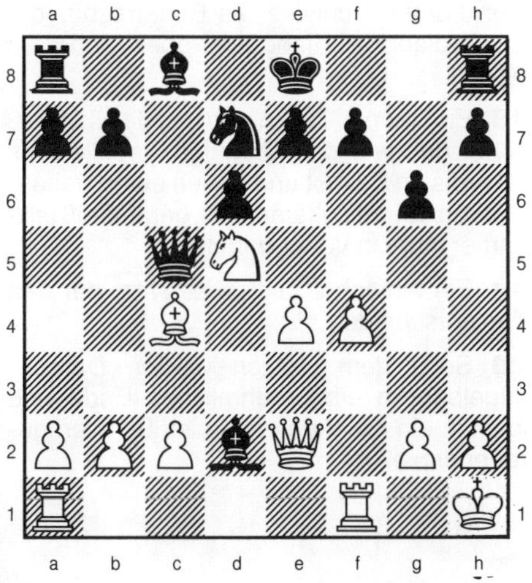

14.	c2–c3[8]	Ld2xc3[9]
15.	Ta1–c1[10]	e7–e6
16.	Sd5xc3	a7–a6[11]
17.	Tf1–d1	0–0
18.	Lc4–b3	Dc5–b6[12]
19.	Sc3–a4[13]	Db6–b4
20.	Tc1–c4	Db4–a5[14]
21.	Sa4–c3	b7–b5
22.	Tc4–d4	Sd7–c5
23.	Td4xd6	Lc8–b7[15]
24.	e4–e5[16]	Sc5xb3
25.	a2xb3	Da5–b4[17]
26.	Td6–d7	Lb7–c6
27.	Td7–d6	Ta8–c8
28.	De2–e3[18]	Db4xb3
29.	De3–b6	Lc6xg2+[19]
30.	Kh1xg2	Db3xb2+[20]
31.	Td6–d2	Db2xc3
32.	Db6xa6	b5–b4
33.	Td2–d3	Dc3–c4
34.	Da6xc4	Tc8xc4
35.	Kg2–f3	Kg8–g7
36.	Td1–b1	Tf8–a8
37.	Tb1–b3	Ta8–a2
38.	Kf3–g3	Ta2–c2
39.	Td3–d7	Tc2–c3+
40.	Td7–d3	

0 : 1

Kommentare:

1 Eine originelle, wenn auch vielleicht fragwürdige Methode, den schwachen Punkt f7 zu überdecken. Die Besonderheiten dieses Zuges habe ich bereits im Vorausgehenden näher erläutert.

2 Mittels h3 könnte Weiß die Bewegungsfreiheit des h6-Springers erheblich beschneiden. Die Rochade kommt möglicherweise etwas zu übereilt.

3 Aktivität des Schwarzen schon in einem so frühen Partiestadium ist eigentlich etwas Untypisches für Feustel-Partien, aber hier ist dieses Verfahren das einzig stellungsgemäße.

4 Anders kann Weiß gar nicht reagieren. Auf 10. Sd5 Se3: ist Schwarz in allen Varianten im Vorteil.

5 Die einzige Notlösung. Daß 11. Ld4: Dd4:+ wegen des ungedeckten Läufers c4 nicht geht, wird jedem sofort einleuchten. Aber ebensowenig kommt

11. Lf2 wegen Lf2:+
12. Tf2: Db2: in Betracht

und Weiß muß ebenfalls eine Figur hergeben.

Im folgenden erweist sich der weiße Zentralspringer auf d5 als äußerst unangenehm und stört die weiteren schwarzen Absichten.

6 Äußerst unklares Spiel ergeben auch die Varianten nach

12. . . .	Sf6
13. Sb6:	Sg4:
14. Sa8:	

Ich wollte auf jeden Fall die Damen am Brett behalten. Nur auf den ersten Blick scheint Schwarz mit Mehrfigur als Sieger aus der Eröffnung hervorzugehen, doch täuscht dieser Eindruck gewaltig. Weiß kann der exponiert stehenden schwarzen Dame im folgenden z. B. mit b4 zu Leibe rücken und die weit zurückgebliebene schwarze Entwicklung bleibt ein Sorgenkind.

7 Was sonst?
Auf 13. . . . Ld4 wäre nach
14. b4 schon alles verloren,
z. B. 14. . . . Dc6
15. Lb5 /+–/
Jetzt will Schwarz seinen Läufer nach Möglichkeit über a5 zur Verteidigung zurückziehen und hofft so das Schlimmste zu verhindern.

8 Den schwarzen Absichten wird ein Riegel vorgeschoben und die Drohung b4 erneuert.

9 Der Not gehorchend, da auch 14. . . . a5 nicht viel hilft wegen z. B. 15. Lb5

10 Weiß will das Figurenrückopfer vorerst gar nicht annehmen und hofft noch auf bessere Beute auf der offenen c-Linie. Der schwarze Gegenzug zwingt dann aber doch den weißen Vorpostenspringer zum Rückzug.

11 Nachdem d5 dem weißen Springer verwehrt ist, soll er auch auf b5 keinen Schaden mehr anrichten können.

12 Immer noch fühlt sich Schwarz nicht wohl in seiner Haut, wenngleich nach vollzogener Rochade jetzt die schlimmsten Sorgen überstanden sein sollten.

13 Ist zwar mit Angriff auf die schwarze Dame ein Tempogewinn, stellt aber den Springer ungünstig an den Rand.

14 Endlich ist die schwarze Queen den dauernden Nachstellungen entgangen und die Partie beginnt langsam in ein ruhigeres Fahrwasser überzugehen.
Plötzlich muß Weiß der drohenden Bauerngabel b7–b5 Beachtung schenken und ein Tempo verlieren.

15 Unter Rückgabe des gesamten Material-Vorteils konnte Schwarz endlich zu einer abgeschlossenen Entwicklung kommen und die Stellung ausgleichen.

16 Während mir dieser Zug überhaupt keine Sorgen macht, hatte ich ausgesprochene Angst vor den Verwicklungen nach 24. f5

17 Mit vielfältigen Absichten gespielt:
Druck gegen b3,
Bedrohung des Bauern f4,
Deckung von e4.
Nun kommt Schwarz als Beherrscher der Läuferdiagonale langsam aber sicher in Vorteil.

18 Ein Bauer fällt ohnehin und da gibt Weiß lieber den weniger wichtigen Gesellen auf b3 preis. In Zeitnot und gegen einen riesenstarken Läufer ankämpfend, gerät Weiß jetzt immer mehr in Verlegenheit.

19 Ein einfacher taktischer Witz, der den Tag entscheidet.

20 Setzt dem stolzen weißen Damenflügelbauern ein unrühmliches Ende und leitet in ein leicht gewonnenes Schwerfigurenendspiel über.

Partie Nr. 8

Modern Defence

Weiß: Nunn (IGM)
Schwarz: Feustel

15. 9. 74 – London

1.	e2–e4	g7–g6
2.	d2–d4	Lf8–g7[1]
3.	Sb1–c3	d7–d6
4.	f2–f4	Sb8–d7[2]
5.	Sg1–f3	c7–c5
6.	d4–d5[3]	a7–a6
7.	a2–a4	Sg8–f6
8.	e4–e5[4]	d6xe5
9.	f4xe5	Sf6–g4
10.	e5-e6[5]	Sd7–e5
11.	Dd1–e2[6]	0–0[7]
12.	Sf3xe5	Sg4xe5
13.	Lc1–f4	Dd8–d6[8]
14.	Lf4–g3	f7–f5[9]

Stellung nach dem 14. Zug von Schwarz:

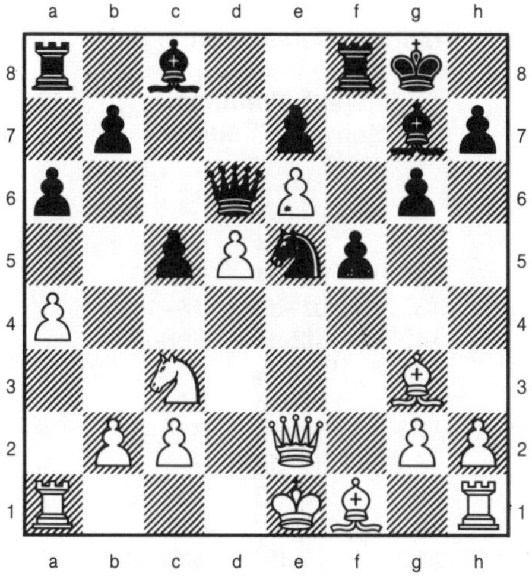

15.	0–0–0[10]	b7–b5[11]
16.	De2–d2	Lc8–b7
17.	a4xb5[12]	a6xb5
18.	Lf1xb5	Ta8–a1+
19.	Sc3–b1	Lb7xd5[13]

Stellung nach dem 19. Zug von Schwarz:

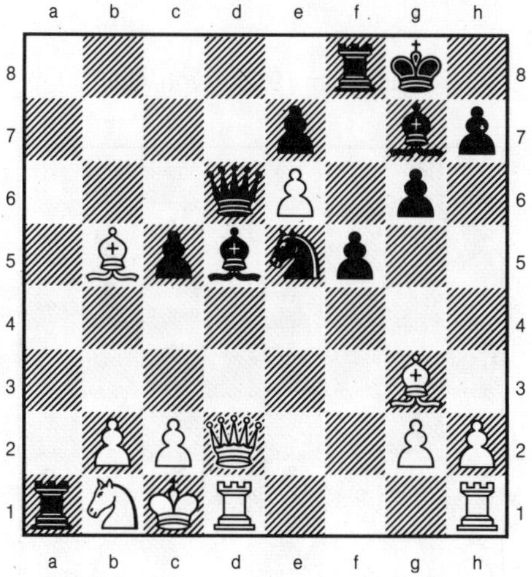

20.	b2–b3	Tf8–d8
21.	Th1–e1[14]	c5–c4
22.	Dd2–d4	Dd6–a3+
23.	Kc1–d2	Ta1xb1
24.	Lg3xe5[15]	Da3–a5+
25.	Kd2–e3	Lg7xe5[16]
		0 : 1

In dieser Partie werden z. T. Kommentare von Dr. Reinhard Cherubim verwendet (CH), eigene Kommentare unterscheiden sich durch die Bezeichnung (F).

Kommentare:

(1 CH) Die Bezeichnung „moderne Eröffnung“ stammt von IM Ray Keene und könnte natürlich beanstandet werden. Denn, was heute modern ist, braucht es morgen nicht mehr zu sein. Z. Zt. aber ist diese Spielweise wirklich modern, noch alles ist im Fluß und noch ungeklärt, welcher Aufbau für beide Seiten am besten ist. Dies zeigt auch diese Partie, die bald bestehende Vorbilder verläßt, und weder in Jugoslawisch, noch Königsindisch, noch in die sizilianische Drachen-Variante übergeht, was alles möglich wäre.

(2 CH) Den Zug 4 . . . Sf6 stellt man heute gerne zurück. Das „Schach-Archiv“ in seiner neuesten Ausgabe kennt hier aber an seiner Stelle nur die Züge

4. . . . c5
4. . . . a6
4. . . . c6
4. . . . Sc6

(2 F) Bis zu diesem Zeitpunkt folgt diese Partie derjenigen des Vortages gegen Botterill.

(3 CH) Hier wird es zu erproben sein, ob anderes mehr verspricht.

(3 F) Botterill hatte an dieser Stelle mit 6. Lc4 fortgefahren.

(4 CH) Der jetzt 19jährige Nunn (1974), der sein Abitur bereits mit 15 Jahren bestand und heute, nach Abschluß seines mathematischen Studiums, einen Forschungsauftrag der Universität Oxford bearbeitet, ist sicherlich eine der größten Nachwuchshoffnungen des Englischen

Schachs, doch neigt er gelegentlich noch zu überscharfem Spiel. Solider, wenn auch weniger „genial“, wäre ein Zug mit dem Königsläufer.

(4 F) Zur Alternative 8. Ld3 vergleiche man die Partie Nr. 12.

(5 CH) Die erzwungene und beabsichtigte Folge!

(6 CH) Nunn bleibt seinem Stil treu.
11. ef7 : + käme in Betracht.

(7 CH) Wegen 12. Se5: notwendig und stark

(8 CH) Droht 14. . . . Sd3 +

(9 CH) Damit erlangt Schwarz angesichts des nicht entwickelten weißen Königsflügels trotz des Keils auf e6 die überlegene Stellung.

(10 CH) Weiß bleibt kaum etwas anderes übrig. Aber nun rächt sich die aufgerissene Rochade-Seite.

(11 CH) Ein natürlich naheliegendes vergiftetes Opfer!

(12 CH) Dies erweist sich auch jetzt als tödlich. Ob aber mit 17. Le2 noch etwas zu retten war, ist mehr als fraglich.

(12 F) Daß mein Gegner hiermit freiwillig die a-Linie öffnet, kommt mir natürlich außerordentlich entgegen und erleichtert es, den Stellungsvorteil in Gewinn umzumünzen.

(13 CH) Daß dies eintritt, hatt Nunn möglicherweise bei Ausführung seines 17. Zuges übersehen. Natürlich scheitert
20. Dd5: an
20. Lh6+
Weiß ist verloren; aber die schnelle Exekution durch Feustel ist eindrucksvoll.

(14 F) An dieser Stelle hatte ich geglaubt, daß Nunn mittels 21. Ld7 noch besseren Widerstand würde leisten können.

(15 CH) Erzwungen wegen 24. . . . Sf3+

(16 CH) Weiß gibt auf, da 26. De5: auf 26. De1:+ sofort verlieren würde.

Partie Nr. 9

Modern Defence ohne Sf6

Weiß: Wimmer
Schwarz: Feustel

6. 8. 77 – Pang

1.	e2–e4	g7–g6
2.	d2–d4	Lf8–g7
3.	Sb1–c3	d7–d6
4.	f2–f4	Sb8–d7
5.	Sg1–f3	c7–c5
6.	Lc1–e3	b7–b6[1]
7.	Lf1–c4	Sg8–h6
8.	Dd1–d2	0–0
9.	h2–h3	Sd7–f6[2]
10.	0–0–0[3]	Lc8–b7
11.	f4–f5[4]	Sf6xe4
12.	Sc3xe4	Sh6xf5
13.	d4–d5[5]	b6–b5[6]
14.	Lc4–e2[7]	Lb7xd5
15.	Se4–c3[8]	Ld5–c6[9]
16.	Le2–d3	b5–b4
17.	Sc3–e2	Dd8–a5
18.	Kc1–b1	Lc6–d5
19.	Se2–c1[10]	Lg7xb2[11]

Stellung nach dem 19. Zug von Weiß:

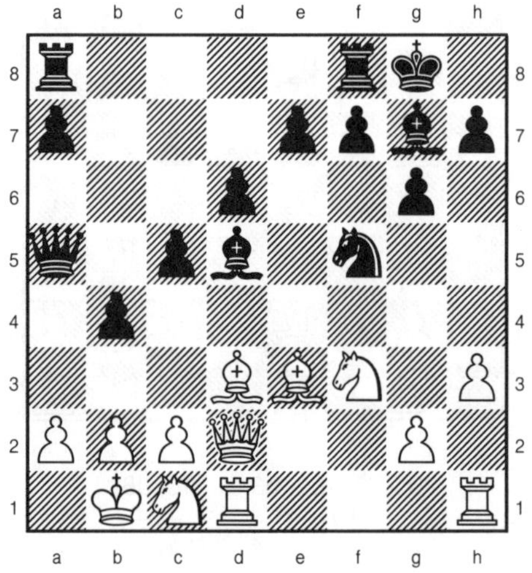

20.	Ld3xf5	Lb2xc1
21.	Dd2xd5	Lc1xe3
22.	Th1–e1[12]	Le3–h6
23.	Te1xe7[13]	g6xf5
24.	Dd5xf5	b4–b3[14]
25.	a2xb3[15]	Lh6–g7[16]
26.	Td1–d4[17]	h7–h6[18]
27.	Td4–a4	Da5–c3
28.	Kb1–c1	Ta8–b8
29.	Kc1–d1	a7–a5[19]
30.	Ta4–f4	Tb8–b4[20]
31.	Te7xf7	Tf8–e8
32.	Tf4xb4	Dc3–a1+
33.	Kd1–d2	a5xb4
34.	Df5–g6	Da1–c3+
35.	Kd2–d1	Dc3–a1+
36.	Kd1–d2	Da1–c3+
37.	Kd2–d1	

Remis

Kommentare:

1 Freilich kommt hier auch 6. . . . Da5 ernsthaft in Betracht, doch liegen mir die daraus resultierenden Stellungstypen nicht so gut und so habe ich mich auf das bescheidenere 6. . . . b6 spezialisiert.

2 Nichts für ängstliche Gemüter! Wenn man als Schwarzspieler hier Materialverlust vermeiden will, z. B. mittels Kh8 nebst Sg8 kommt man um eine passive und undynamische Stellung nicht herum. Der Zweck dieses Zuges ist aber gerade der entgegengesetzte.
Schwarz will unter Figurenopfer ein dynamisches Gegenspiel in Gang bringen und das Gesetz des Handelns an sich reißen.
Eine Hauptvariante lautet z. B.

10. f5 Se4:
11. Se4: Sf5:

und die entstehenden Verwicklungen sind für taktisch versierte Spieler eine wahre Fundgrube und besitzen zudem den unschätzbaren Vorzug, daß sie theoretisch noch nicht durchforscht sind.

3 Weiß will sich vorerst weder zu dem kritischen Zug f5 entschließen, noch mittels des g4–g5 Bauernsturms aktiv werden. Ob es aber das richtige ist, hier unter Hintanstellung dieser strukturbestimmenden Zugmöglichkeiten erst die lange Rochade zwischenzuschalten, ist doch äußerst fraglich.

4 Jetzt geht es doch nicht mehr ohne f5 und wenn das nun ohnehin erforderlich wird, so hätte es wohl im vorangegangenen Zug bessere Dienste geleistet. Inzwischen hat sich Weiß mit der langen Rochade unnötig kompromittiert.

5 Im Zeichen dieser beidseitig erzwungenen Zugfolge stand auch 13. d5, weil sowohl

13. Sc3 Lf3:
14. gf3: cd4:
/ – + /

als auch 13. Sf2 Lf3:
14. gf3: cd4:
/ = /

den Weißen vor unangenehme Probleme stellen.

6 In einer scharfen Partie darf man keine Zeit verlieren und muß seine Ziele konsequent verfolgen. Hier gilt es, die weiße Rochadestellung unter Beschuß zu nehmen.

7 Daß 14. Lb5: nichts taugt, mußte der Münchner Schachlehrer Ossi Weiner in einer Schnellpartie gegen Feustel in Germering 1976 einsehen, als er nach 14. . . . Db6 rasch in entscheidenden Nachteil geriet.
Wimmer ist besser auf der Hut und bringt seinen Läufer in Sicherheit.

8 Die einzige Alternative 15. Dd5: Se3: kostet nach den verlorenen drei Bauern auch noch die Qualität und das gefiel Weiß wohl noch weniger, wenngleich das Spiel auch dann unübersichtlich bleibt.

9 Ein unverzeihlicher Fehler. Der Läufer mußte unbedingt auf der Diagonale e6/a2 gehalten werden und sich auf e6 in Wartestellung begeben. Der Druck gegen die lange Rochade-Stellung würde dem Schwarzen dann wohl klare Kompensation für die Minusfigur geben.

10 Weiß hat das Ärgste überstanden und gerade immer rechtzeitig alles gedeckt. Schwarz scheint vorerst in seinen Aktionen steckenzubleiben.

11 Eine Gewaltmaßnahme, die zwar einen vierten Bauern für die Figur gewinnt, die aber wohl doch nicht geeignet ist, um dem Schwarzen Gewinnchancen zu verschaffen.

12 Weiß hat seine Figuren jetzt gut zentralisiert und Schwarz bekommt große Sorgen wegen des mangelnden Zusammenspiels seiner Streitkräfte.

13 Sehr stark und nachhaltig!
Nun muß Schwarz um Remis kämpfen.

14 Der einzige Weg, um bei Bedarf die exponierte Dame zu Verteidigungszwecken auf den Königsflügel hinüberführen zu können (über das Feld c3).

15 Im Gewinnsinn war 25. cb3: vielleicht chancenreicher. Jetzt bekommt Schwarz erstmal wieder Luft durch Gegendrohungen.

16 Die lange Odyssee des schwarzen Fianchetto-Läufers über b2 – c1 – e3 – h6 zurück nach g7 ist endlich glücklich überstanden.
Die Rückkehr dieses Schutzläufers läßt hoffen, daß dem weißen Druck nun doch noch standgehalten werden kann.

17 Verstellt die Diagonale und deckt die Mattdrohung.

18 Es mußte gegen Sg5 vorgebeugt werden.

19 Weiß soll nicht plötzlich mit beiden Türmen auf der siebten Reihe drohend in Erscheinung treten können und deshalb ist dieser Bauernzug erforderlich.

20 Hiermit wird ein weiterer Tausch in die Wege geleitet und die überaus gehaltvolle und dramatische Partie wendet sich langsam einem friedlichen Ende zu.
Es wurde zwar von beiden Seiten nicht unbedingt fehlerfrei agiert, doch gerade in der Kompromißlosigkeit und der Risikobereitschaft beider Parteien lag der Reiz dieser spannenden und niveauvollen Auseinandersetzung.

Partie Nr. 10

Modern Defence ohne Sf6

Weiß: IM van der Wiel
Schwarz: Feustel

18. 3. 81 – Bochum

1.	e2–e4	g7–g6
2.	d2–d4	Lf8–g7
3.	Sb1–c3	d7–d6
4.	f2–f4	Sb8–d7
5.	Lc1–e3	b7–b6
6.	Lf1–e2[1]	Sg8–h6[2]
7.	g2–g4[3]	Lc8–b7
8.	Le2–f3	e7–e5
9.	g4–g5	Sh6–g8[4]
10.	Dd1–d2	Sg8–e7
11.	0–0–0	e5xf4[5]
12.	Le3xf4	0–0
13.	Sg1–e2	a7–a6[6]
14.	h2–h4	b6–b5
15.	h4–h5[7]	Tf8–e8[8]
16.	Se2–g3	Sd7–f8[9]
17.	h5xg6	f7xg6
18.	Dd2–g2	Dd8–d7
19.	Th1–h4[10]	b5–b4

Stellung nach dem 19. Zug von Schwarz:

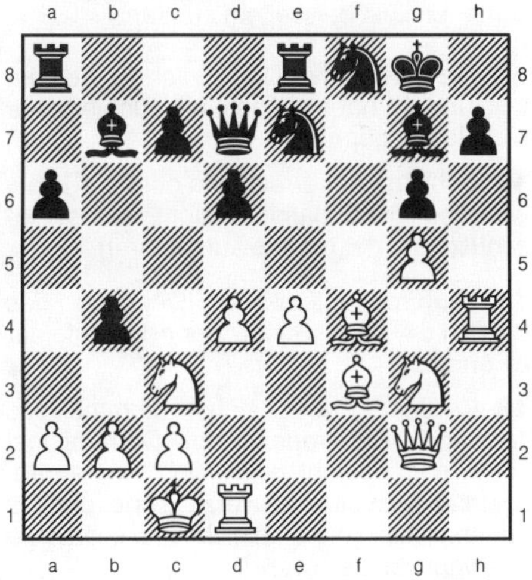

20.	Sc3–d5[11]	Lb7xd5[12]
21.	e4xd5	Se7–f5
22.	Sg3xf5	g6xf5[13]
23.	Th4–h5	Te8–e7
24.	Lf4–g3	Ta8–e8[14]
25.	Lg3–f2[15]	a6–a5
26.	Dg2–h3	a5–a4[16]
27.	Td1–h1	b4–b3
28.	a2xb3	a4xb3
29.	c2xb3[17]	Dd7–b5

nach dem 29. Zug von Schwarz:

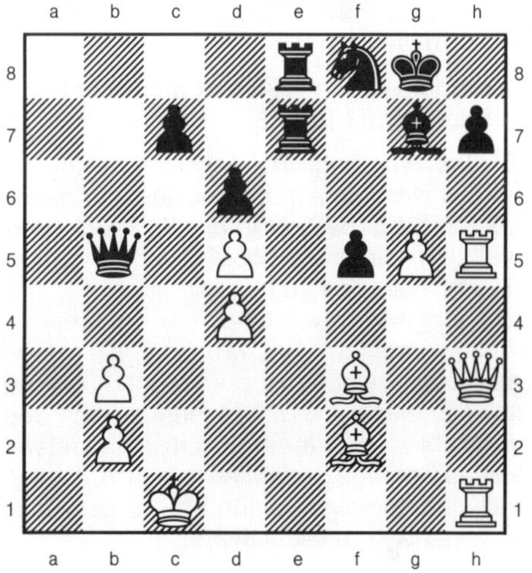

30.	Th5xh7[18]	Sf8xh7
31.	Dh3xh7+	Kg8–f8
32.	Lf3–h5[19]	Db5xd5
33.	Lh5xe8	Te7xe8
34.	Th1–f1[20]	Te8–a8[21]
35.	Kc1–d2	Lg7xd4
36.	Lf2xd4	Dd5xd4+[22]
37.	Kd2–c2	Dd4–e4+
38.	Kc2–d2	De4–g2+[23]
39.	Kd2–c3	Dg2xf1
40.	Dh7–h8+	Kf8–e7
41.	Dh8xa8	Df1–e1+
42.	Kc3–d3	De1–g3+
43.	Kd3–c2	Dg3xg5
44.	b3–b4	Dg5–f4
45.	Da8–c8	Df4–c4+
46.	Kc2–b1	f5–f4
47.	b4–b5	d6–d5

48.	Dc8–g8	Dc4–e4+
49.	Kb1–a2	f4–f3
50.	Dg8–g3	Ke7–d8
51.	Dg3–g8+	Kd8–d7
52.	Dg8–g7+	Kd7–c8
53.	Dg7–f8+	Kc8–b7
54.	Df8–f6	d5–d4
55.	Ka2–a3	De4–e3+
56.	Ka3–a2	d4–d3
57.	Df6–c6+	Kb7–b8
58.	Dc6–d7	De3–e4[24]

0 : 1

Kommentare:

1 Anders verfährt Kavalek an dieser Stelle in Partie Nr. 11 (6. Sf3).

2 Das ursprünglich beabsichtigte c5 hat mir plötzlich nicht mehr gefallen und da ich auch nicht unbedingt in die Robatsch-Verteidigung einlenken wollte, verfiel ich auf diesen absurden Zug.
Der junge van der Wiel, der zur äußerst theoriekundigen Nachwuchsmeistergarde zählt, wird wohl recht erstaunt gewesen sein ob dieser „Eröffnungsneuerung“ und vielleicht schon hier am S(ch)-achverstand seines Gegners gezweifelt haben. Auf jeden Fall spricht einiges dafür, daß er das Spiel im folgenden zu leicht nimmt.

3 Der Bauernvorzug zeugt von Entschlossenheit und Weiß will die Fehlerhaftigkeit der schwarzen Experimentierzüge nachweisen.

4 Der erzwungene Rückzug läßt auf doppelten schwarzen Tempoverlust schließen. In der Folge erweist es sich aber, daß der weiße Bauer auf g5 keineswegs mehr leistet als auf g2 und letztendlich ist der g5-Bauer sogar ein Hemmstein des weißen Königsangriffs.

5 Nachdem Weiß mit einer Aktion in der Brettmitte noch abwartet, wird die Aufhebung der Spannung im Zentrum von Schwarz vorgenommen.

6 Die gar bescheidenen Anfänge eines später vorentscheidenden Bauernsturms am Damenflügel.

7 Die h-Linienöffnung ist für Weiß der stellungsgerechte Plan, doch kann sich Schwarz dagegen noch gut verteidigen.

8 Der erforderliche und vordringliche Räumzug, weil f8 dem Springer zur Dekkung der Felderschwäche h7 freigemacht werden muß.

9 Von hier aus hält der Springer die bedrohte Königsstellung und erschwert dem Weißen das Beikommen auf der h-Linie.

10 Daß dies der Turmverdopplung dienen soll ist klar; weniger schnell erkennt man aber vielleicht die Eventualdrohung Lg4, die ebenfalls Beachtung verdient.

11 Keinesfalls will Weiß seinen Springer passiv stellen, aber auch das Vorgehen nach d5, von wo aus er gerne nach f6 zum Schachbieten springen möchte, hat seine Schattenseiten. Immerhin entsteht jetzt ein unbeweglicher weißer Zentral-Bauernblock d4/d5, der gerade in Anbetracht des weißen Läuferpaars tunlichst hätte vermieden werden sollen.

Die Aussichten der beiden weißen Läufer, am Angriffsspiel teilzunehmen, sind auf jeden Fall durch diese schädliche Bauernstruktur gesunken.

12 Keinesfalls Sd5: was nur Weiß zugute käme. Ld5: ist bei weitem stärker.

13 Die Alternative Df5: gefiel mir keinesfalls und ich habe sie deshalb auch erst gar nicht lange geprüft.

14 Schwarz beherrscht die offene e-Linie, während Weiß damit beginnt, seine Geschütze auf der h-Linie aufzufahren.

15 Läuferdoppelfunktion: Deckung des Bauern d4, sowie Schutz der e-Linienfelder e1 und e3.

16 Langsam aber sicher kommt das schwarze Bauernpaar am Damenflügel voran und beginnt bedrohlich zu werden. Andere sinnvolle schwarze Züge gibt es augenblicklich ohnehin nicht, und so fällt die Auswahl nicht schwer.

17 Weiß ist sich seiner Sache etwas zu sicher. Er meint wohl, mit Mehrbauern, Läuferpaar und h-Linienbatterie bei gleichzeitiger schwarzer Defensivstellung nichts mehr befürchten zu müssen, was aber eben doch nicht ganz der Tatsache entspricht. Auch die weiße Stellung hat erhebliche organische Schwächen, besonders in der Bauernstruktur b2/b3/d4/d5/ und die schwarzen Ressourcen dürfen nicht unterschätzt werden.

18 Wenn sich Weiß nicht dazu entschließt auf h7 zu nehmen, dann wären ja die ganzen Vorbereitungszüge vergeudet. Dennoch ist der Einschlag nicht vorteilverheißend.

19 Da der weiße Angriff ins Stocken gerät: Selbstblock g5. Schwarzer Schutzläufer g7 ruft Weiß Verstärkung herbei, was aber wiederum die Deckung von d5 preisgibt. Noch weniger konnte sich Weiß aber von 32. Df5+ Tf7 versprechen und somit läßt sich absehen, daß Schwarz schon bald das Gesetz des Handelns diktiert.

20 Materiell noch immer mit einem Bauern im Vorteil, sieht Weiß seine Hoffnung dahinschwinden und offeriert mit diesem Zug Remis.
Der schwarze Vorteil wäre jetzt mit 34. – Dc6+ am schnellsten nachzuweisen, während die meinerseits gewählte Methode zwar auch zugunsten des Nachziehenden ausfällt, aber doch eben nicht das Genaueste ist.

21 Wie gesagt nur der zweitbeste Zug, der aber auch sehr verlockende Möglichkeiten aufzeigt.

22 Weiß ist jetzt den Schachgeboten der zentralpostierten schwarzen Dame ausgeliefert und der weiße Monarch darf dabei weder auf ein Feld der e-Linie noch auf die erste Reihe entweichen. Seine Pendelmöglichkeiten beschränken sich somit auf die Felder d2, c2, c3.

23 Schwarz erobert den Turm f1, kann dann in ein gewonnenes Damenendspiel einlenken und muß danach eben präzise zu Werke gehen, um den vorhandenen Vorteil nicht noch in Frage zu stellen.

24 Nach langem und ermüdenden Spiel unter ständiger Beachtung technischer Feinheiten ist diese klare schwarze Gewinnstellung beim zweiten Partieabbruch entstanden.
Weiß verzichtete anderntags auf die nochmalige Verlängerung und gab auf.

Partie Nr. 11

Modern Defence ohne Sf6

Weiß: IGM Kavalek
Schwarz: Feustel

25. 3. 81 – Bochum

1.	d2–d4	g7–g6
2.	e2–e4	Lf8–g7
3.	Sb1–c3	d7–d6
4.	f2–f4	Sb8–d7
5.	Lc1–e3	b7–b6
6.	Sg1–f3[1]	c7–c5[2]
7.	Lf1–c4	Sg8–h6
8.	h2–h3	0–0
9.	g2–g4[3]	c5xd4[4]

Stellung nach dem 9. Zug von Schwarz:

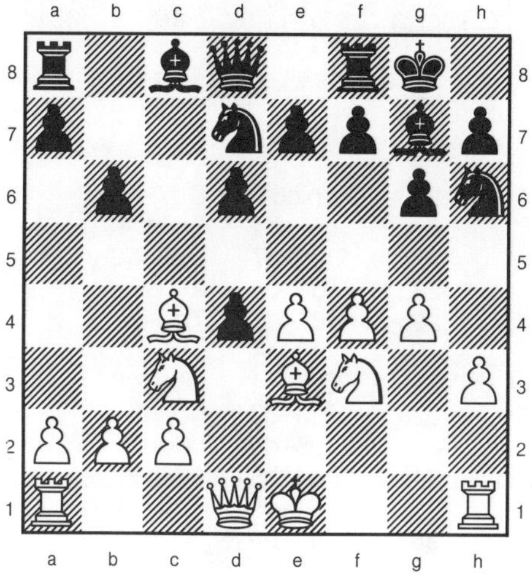

10.	Sf3xd4[5]	Lc8–b7[6]
11.	0–0	Kg8–h8[7]
12.	g4–g5[8]	Sh6–g8
13.	f4–f5	Sd7–e5
14.	Lc4–b3	Dd8–d7[9]
15.	Dd1–e1	Lb7–a6
16.	Tf1–f4	Ta8–c8
17.	De1–f2	La6–c4[10]
18.	Ta1–d1	Tc8–c5?[11]
19.	Sd4–f3	Tc5–c8
20.	f5–f6[12]	e7xf6
21.	g5xf6	Se5xf3+[13]
22.	Tf4xf3	Lg7–h6
23.	Le3xh6	Sg8xh6
24.	Df2–d2	Sh6–g8

Stellung nach dem 24. Zug von Schwarz:

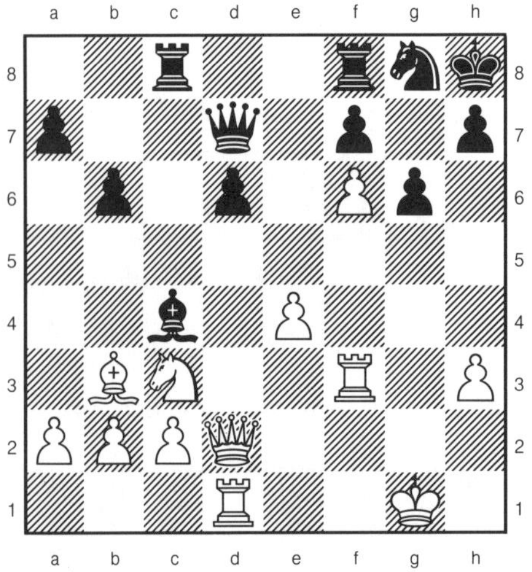

25.	Dd2xd6[14]	Dd7–e8
26.	Lb3xc4	Tc8xc4
27.	Dd6–d7	De8–b8
28.	Td1–d5	a7–a6
29.	Dd7–d6	Tc4–c7
30.	a2–a4	Tf8–e8
31.	Dd6–f4	Db8–c8
32.	Tf3–d3	h7–h6
33.	Td5–d6	b6–b5
34.	a4xb5	a6xb5
35.	e4–e5	Tc7–c4
36.	Df4–e3	b5–b4
37.	Sc3–d5	Tc4xc2
38.	Sd5–e7	Dc8–a8
39.	Td3–d2	Tc2xd2
40.	Td6xd2	Da8–a1+
41.	Kg1–h2	Kh8–h7
42.	e5–e6![15]	Sg8xf6
43.	e6xf7	Te8–f8
44.	De3–d3	

1 : 0

Kommentare:

1 In der Partie Nr. 10 hat an dieser Stelle van der Wiel mit 6. Le2 fortgefahren.

2 Will mit Zugumstellung in die Variante der Partie Nr. 9 überleiten.

3 Dieses Verfahren ist noch energischer als der Zug 9. Dd2 (siehe Partie Nr. 9)

4 Um nicht in materiellen Nachteil zu kommen, muß das wohl geschehen. Meine früheren Experimente an dieser Stelle 9. – Lb7 zu versuchen, wurden auf folgende Weise widerlegt:

10. g5 Sf5
11. ef5: Lf3:
12. Df3: cd4:
13. f6!! /+ –/

5 In der Partie 1977 (GM) Pantschenko–Feustel machte der sowjetische Nachwuchsmeister mit meiner Variante kurzen Prozeß:

10. Ld4: e5
11. fe5: Se5:
12. Le5: Le5:
13. g5 Te8
14. Kf2! /+ –/ und Schwarz verliert ersatzlos eine Figur.

6 Jetzt ist die Läuferentwicklung gut spielbar, weil 11. g5 Sf5 jetzt ohne weiteres in Kauf genommen werden kann.

7 Was soll man sonst spielen? Vielleicht kam 11. – e5 in Betracht, doch wird der Punkt d6 dann zum Sorgenkind.

8 Stürmisch und konsequent geht Weiß mit seiner Bauernwalze vor, doch sollte sich

Schwarz bei exakter Verteidigung behaupten können.

9 Sofortiges Tc8 bietet bessere Chancen mittels der Eventualidee Sc4

10 Hiermit ist jetzt der Druck auf der Diagonale b3–f7 neutralisiert und Schwarz könnte sich noch einigermaßen behaupten, wenn er im folgenden die richtigen Maßnahmen ergreifen würde.

11 Ein katastrophaler Fehler, ein ganz dummer und unbedachter Zug, der nicht nur die Stellung ruiniert, sondern auch noch die gesamten schwarzen Eröffnungsbemühungen zunichte macht.
Schwarz ist zwar stark unter Druck, doch erst nach diesem Fehlzug kommt Weiß billig in Vorteil.

12 Einfach und naheliegend wird der doppelte schwarze Tempoverlust: (Tc8–c5–c8) hier bestraft. Die Verteidigungschancen des Nachziehenden sinken praktisch auf Null und es kann nur noch hinhaltender Widerstand geleistet werden.

13 Ohne dieses Schachgebot geht es gar nicht mehr.

z. B. 21. –	Lf6:	
22. Tf6:	Sf6:	
23. Se5:		/+ –/

14 Die weiße Stellung ist strategisch gewonnen:
Bauernplus,
dominierende Figurenposition,
größere Felderbeherrschung.
Die Realisation der weißen Gewinnstellung steht etwas im Zeichen der Zeitnot und der Partiefortgang zeitigt nicht immer die optimale Chancenwahrnehmung.

15 Die Zeitkontrolle ist vorbei. Schwarz konnte den Bauern zwar zurückerobern, mußte dafür aber die Abseitsstellung seiner Dame in Kauf nehmen.
Weiß spielt jetzt mit unerbittlicher Konsequenz zu Ende und zertrümmert die schwarzen Stellungsreste mit einigen wuchtigen Zügen. Die Hoffnungen, die bei Schwarz zwischen dem 35.–40. Zug aufgekeimt waren, erweisen sich sogleich als trügerisch in dem Moment, als Weiß die Zeitkontrolle unbeschadet überstanden hat.

Lubomir Kavalek

Vlastimil Hort

Die Großmeister Kavalek (USA) und Hort (CSSR) dominierten beim Internationalen Großmeisterturnier in Bochum klar.

Partie Nr. 12

Modern Defence

Weiß: IGM Hort
Schwarz: Feustel

Bochum 1981

1.	e2–e4	g7–g6
2.	d2–d4	Lf8–g7
3.	Sb1–c3	d7–d6
4.	f2–f4	Sb8–d7
5.	Sg1–f3	c7–c5
6.	d4–d5	a7–a6
7.	a2–a4	Sg8–f6
8.	Lf1–d3[1]	0–0
9.	0–0	Dd8–a5
10.	Sf3–d2[2]	Sf6–e8[3]
11.	Sd2–c4	Da5–d8[4]
12.	Dd1–e2	Se8–c7
13.	Sc4–e3	Ta8–b8
14.	a4–a5	b7–b5
15.	a5xb6ep.	Sd7xb6
16.	f4–f5[5]	Sb6–d7
17.	Se3–g4	Sd7–e5[6]
18.	Sg4xe5	Lg7xe5
19.	Ta1–a3	e7–e6
20.	De2–g4	e6xf5
21.	e4xf5	Tb8–b4
22.	Sc3–e4	Sc7xd5
23.	c2–c3	Tb4–b6[7]
24.	Lc1–g5	f7–f6
25.	Lg5–h6[8]	Sd5–e7[9]
26.	Lh6xf8	Dd8xf8
27.	Se4–g3	Tb6xb2
28.	Ld3xa6	Lc8–d7
29.	La6–d3	Ld7–c6
30.	Ld3–e4	d6–d5
31.	Le4–f3	Lc6–d7
32.	c3–c4	Tb2–b4
33.	Ta3–a7	Df8–c8
34.	Tf1–c1	Kg8–h8
35.	Dg4–h4	Kh8–g7
36.	Lf3–g4	Tb4–b7[10]
37.	Ta7xb7	Dc8xb7
38.	f5xg6	h7xg6
39.	Lg4xd7	Db7xd7
40.	c4xd5	Le5–d4+[11]
41.	Kg1–h1	Se7xd5
42.	Dh4–e4	f6–f5[12]
43.	De4–f3	Sd5–f6
44.	Tc1–b1	Sf6–g4[13]
45.	h2–h3	Sg4–f2+
46.	Kh1–h2	Dd7–d6[14]
47.	Tb1–b7+[15]	Kg7–h6
48.	Df3xf5[16]	g6xf5[17]

0 : 1

Kommentare:

1 An dieser Stelle geschah in der Partie Nr. 8 das überscharfe 8. e5. Neben der Läuferentwicklung nach d3 kam zumindest auch noch 8. Le2 in Betracht.

2 Dies ist der stärkste Zug, durch welchen der schwarze Damenzug Da5 als Tempoverlust entlarvt werden kann.
Statt dessen wählte im Jahre 1972 in der Partie Budde–Feustel der Anziehende 10. Kh1, was folgende dramatische Brettschlacht ergab, die unkommentiert interessehalber hier wiedergegeben werden soll:

Zug 1–9 vergleiche Partie Nr. 12

10.	Kh1	b5
11.	e5	Se8
12.	e6	fe6:
13.	de6:	Sb6
14.	f5	b4
15.	Se4	c4
16.	Le2	Tf5:
17.	Sd4	Ld4:
18.	Dd4:	Le6:
19.	Lh6	Sd7
20.	Tf5:	Df5:
21.	Sg5	Ld5
22.	Lc4:	Lc4:
23.	Dc4:+	d5
24.	Db4:	Sd6
25.	Te1	Tb8
26.	Dd4	Sf6
27.	Sf3	Dc2:
28.	Lc1	Sde4
29.	De5	Tb7
30.	De6+	Kh8
31.	Da6:	Sg4!
32.	Da8+	Kg7

33.	Lh6+	Kh6:
34.	Df8+	Kh5
35.	Df7	e5

Weiß gibt auf!

3 Der aktive Damenflügel-Bauernvorstoß scheitert an:

10.	–	b5
11.	ab5:	Da1:
12.	Sb3	mit Damenfang

4 Dies ist zwar ein Tempoverlust, doch bleibt er in diesem Abspiel ohne nachhaltig negative Folgen.

5 Vielleicht etwas überstürzt. Weiß will die Abwesenheit der schwarzen Springer vom Königsflügel zum beschleunigten Angriff nutzen, nimmt aber hiermit den Nachteil in Kauf, das Feld e5 nicht mehr kontrollieren zu können.

6 Schwarz muß dieses wichtige Zentralfeld unbedingt besetzen und darauf einen Figurenstützpunkt installieren.

7 Der schwarze Turm muß die vierte Reihe räumen und will von b6 aus den a-Bauern überdecken.
Die Opfermotive 23. – Te4: bzw. 23. – Tb2: wären zwar spektakulär, aber leider völlig inkorrekt.

8 Von der Alternativmöglichkeit
25. Lc4 fg5:
26. Ld5:+ verspricht sich Weiß nichts und deshalb wählt er diesen chancenreichen Angriffszug, der das folgende schwarze Qualitätsopfer erforderlich macht.

9 Anders war der Drohungen nicht Herr zu werden.
Der Nachziehende entschließt sich eigentlich recht gerne zur Hergabe des f8-Turms, weil er danach die weißen Angriffschancen gemindert sieht und selbst das Gesetz des Handelns mitdiktieren kann.

10 Dieser Zug war unumgänglich, weil nur so den weißen Drohungen auf der siebten Reihe begegnet werden konnte.

11 Im Großmeisterturnier, das einen Tag zuvor in Bochum zu Ende ging und folgendes Ergebnis erbracht hatte:

1.	IGM	Kavalek	12 Punkte
2.	IGM	Hort	10,5 „
3.	IM	Chandler	9,5 „
4.	IM	Schüssler	8,5 „
5.		Borik	8 „
6.	IGM	Cioceltea	8 „
7.	IGM	Garcia	8 „
8.	IGM	Keene	7,5 „
9.	IGM	Westerinen	7,5 „
10.	IGM	Torre	7 „
11.	IM	Van der Wiel	7 „
12.	IM	Lobron	7 „
13.		Kunsztowicz	5,5 „
14.		Feustel	5 „
15.		Hermann	5 „
16.	IM	Ghinda	4 „

war die Zeitkontrolle bereits beim 40. Zug.

In der Bundesliga sind aber eben 10 Züge mehr zu absolvieren und dafür bleibt dem Porzer Spitzenspieler kaum noch eine Minute.

12 Nach dem weißen Zentralisierungszug 42. De4 geht es für Schwarz plötzlich mit Tempogewinn weiter. 42. . . . f5 bedroht nicht nur die weiße Dame, sondern schafft dem schwarzen Springer auch Rückzugs- (f6) und Vorpostenfelder (e4/g4).

13 Damit kann der Drohung 45. Tb7 begegnet werden.
In der Fortsetzung 45. Tb7 Sf2+ käme jetzt Schwarz sowohl
nach 46. Kg1 Se4+ (– +), als auch
nach 46. Df2: Db7: (– +) klar in Vorteil.

14 Die Dame entweicht aus der bedrohten siebten Reihe und stellt gleichzeitig eine listige Diagonalfesslung d6/h2 auf.

15 Anstelle dessen konnte IGM Hort mittels 47. Db7+ Kh6
48. Tb6
chancenreich fortsetzen und den weißen Vorteil (beruhend auf den Drohungen 49. Sf5+ oder 49. Df7) vergrößern.
In Zeitnot war meinem Kontrahenten aber diese Möglichkeit nicht in den Sinn gekommen und ob es für Weiß wirklich zu einem Gewinn gereicht hätte, sei dahingestellt.

Man müßte die Eventualfolge:

47. Db7+ Kh6
48. Tb6! Le5
49. Td6: Ld6:
50. D bel. Se4 einer eingehenden Analyse unterziehen und dabei die Frage klären, ob der weiße Materialvorteil dabei zum Partiesieg ausreicht. Schwarz

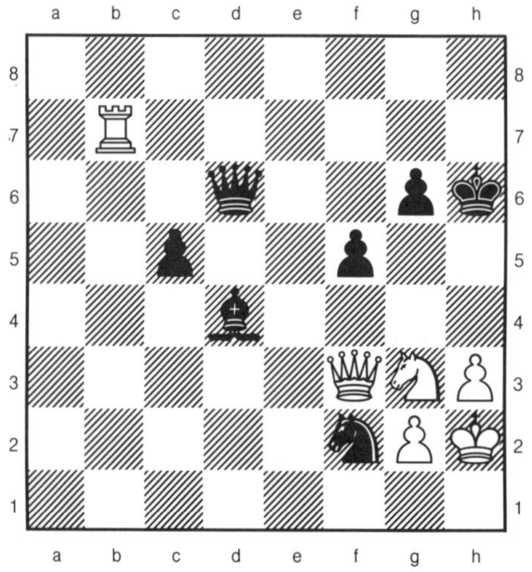

(Eventual-Varianten-Analyse Stellung nach dem 49. Zug von Schwarz lt. Kommentar 15)

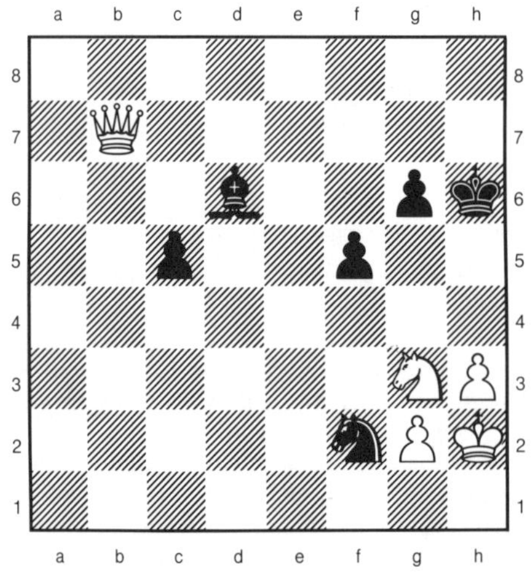

kann zumindest den Springer g3 zurückgewinnen und hätte dann zwei Leichtfiguren auf hervorragenden Stützpunktfeldern plus 3 Bauern gegenüber einer weißen Übermacht von Dame und 2 Bauern. In meinen bisherigen Untersuchungen konnte ich mir über die genauen Konsequenzen der angeführten Zugfolge noch kein abschließendes Urteil bilden (vergl. Diagramm!).

16 Mit der Phantasievariante:

48. Df5: gf5:
(49. Sf5:+ K bel.
50. Sd6:)

wollte Weiß ein gewonnenes Endspiel herbeiführen.
Der tragische Irrtum liegt nur darin, daß der Springer g3 gar nicht abziehen darf und somit die in Aussicht genommene Variante gar nicht ausgeführt werden darf.
Besser 48. h4 Sg4+, wonach
49. Kh3 Lg1!! bzw.
49. Kh1 Lf2! zu
komplizierten, aber für Schwarz aussichtsreichen Stellungen führen.

17 Finito!
nach dem 47. Zug von Schwarz

Partie Nr. 12a

Lobron – Feustel

(Bundesliga – 10. Mai 1981)

1.	e4	g6
2.	d4	Lg7
3.	Sc3	d6
4.	f4	Sd7
5.	Sf3	c5
6.	d5	a6
7.	a4	Sgf6
8.	Lc4	0–0
9.	0–0	Tb8
10.	De2	Sb6
11.	Lb3	Ld7
12.	e5	Se8
13.	a5	Sc8
14.	h3	Sc7
15.	Lc4	b5

Stellung nach dem 15. Zug von Weiß:

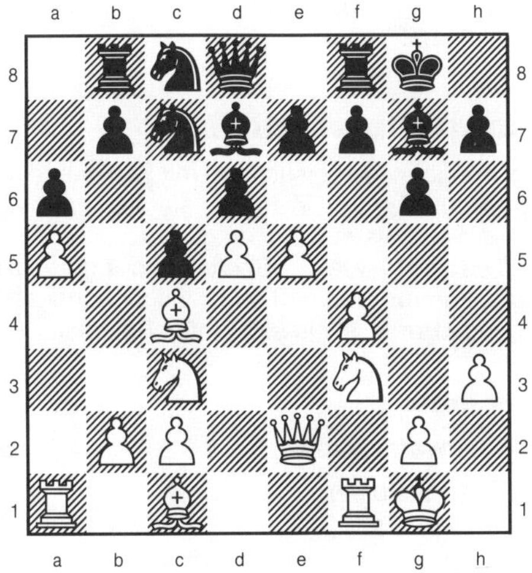

nach dem 24. Zug von Schwarz:

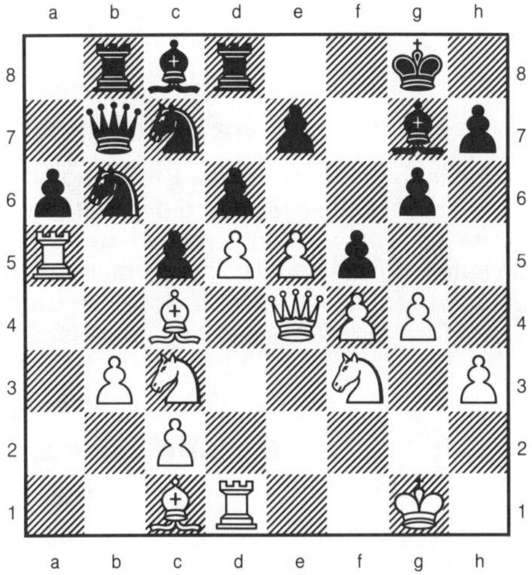

16.	ab:ep.	Sb6:
17.	b3	Lb5
18.	Tfd1	Dc8
19.	Ta5	Td8
20.	De4	Ld7
21.	De1	Lf5
22.	De2	Db7
23.	g4	Lc8
24.	De4	f5
25.	ef:ep	Lf6:
26.	Ld2	e6
27.	Le1	ed5:
28.	Scd5:	Scd5:
29.	Ld5:	Sd5:
30.	Td5:	Ld7
31.	Lh4	Te8
32.	Dd3	Ld4+
33.	Td4:	cd4:
34.	Sd4:	De4
35.	Ta6:	Dd3:
36.	cd3:	Te3
37.	Td6:	Le8
38.	Lf2	Td3:
39.	Sf5	Td6:
40.	Sd6:	Lc6
41.	f5	Tb3:
42.	f6	Th3:
43.	Lc5	Tg3+
44.	Kf2	Tf3+
45.	Kg1	Tf6:
46.	Kh2	Tf3
47.	g5	Tc3
48.	Ld4	Td3
49.	Le5	Td5
50.	Lf4	Td3

0 : 1

Kurz vor Abschluß des Manuskripts wurde noch obige Partie gespielt, die ergänzungsweise dem Leser an dieser Stelle dargestellt werden soll. Die Alternative 8. Lc4 verdient Beachtung und steht gleichberechtigt neben der Fortsetzung

8. e5 (Partie Nr. 8)

8. Ld3 (Partie Nr. 12)

Heute kann ich zwar nicht mehr feststellen, wann ich die Robatsch-Verteidigung erstmals in freien Partien erprobt habe, desto genauer weiß ich noch, daß der folgende Artikel eine erste Initialzündung war für diese meine spätere Vorliebe!

„Schachlehren!“ – unglaubwürdig?

Wollte man sich früher in der Eröffnung einen Jux erlauben, so spielte man mit Schwarz die „W-Partie“. Dabei wurden die Bauern in W-Form aufgezogen. Was damals Jux war, ist heute (von Ivkow demonstriert) in einem Turnier zur Weltmeisterschaft möglich. Die Gegenüberstellung soll nur die These untermauern, daß es nicht – wie der Schachjünger gern zu glauben geneigt ist – auf die spezielle Eröffnung ankommt. Und daß unser Schachdenken von vielen Vorurteilen verbarrikadiert ist. Die folgende Partie ist ein eklatantes Beispiel:

Königsfianchetto

Weiß: Bárczay **Schwarz: Ivkow**

(Anmerkungen von Theo Schuster)

1.	e4	g6
2.	d4	Lg7
3.	Sf3	d6
4.	Lc4	a6
5.	0–0	e6
6.	Lg5	Se7
7.	Dd2	h6
8.	Le3	Sd7
9.	Sc3	b6
10.	Tfe1	Lb7

In fast jeder Schachfibel kann man nachlesen, daß Schwarz gegen folgende Eröffnungsregeln verstoßen hat:

1. Zu viele Bauernzüge in der Eröffnung gemacht (von 10 Zügen 6 Bauernzüge),
2. die Springer sind nicht auf ihren natürlichen und besten Feldern c6 und f6 aufgestellt, wo sie die größte Wirkung auf das Zentrum ausüben können, und
3. Schwarz hat noch nicht rochiert, so daß sein König erhöhten Gefahren ausgesetzt ist.

Demgegenüber hat Weiß alle seine Figuren auf schnellste Weise entwickelt und auf Felder gebracht, wo sie maximale Wirkung entfalten können. Weiß hat mit der Rochade seinen König bereits sichergestellt, und auch der Turm steht auf der Mittellinie zum Eingreifen bereit.

Das alles ist eine Folge der Zeitvergeudung von Schwarz. Es scheint klar, daß Weiß diesen Positionsvorteil in Gewinn ummünzen muß.
Jetzt fragt sich nur, wie diese fiktive Annahme, die auf unseren schachlichen Glaubensgrundsätzen basiert, in die Tat umzusetzen ist? Welch ein Hohn, daß in Wirklichkeit nicht Weiß, sondern Schwarz gewinnt, und zwar schon nach weiteren 11 Zügen!

11. a4 Sf6. Die Mittelbauern sind am stärksten, solange sie im Zentrum nicht vorrücken (aus einem Schachlehrbuch für Fortgeschrittene!).
Dann muß Weiß aber den Be4 decken. Etwa mit Lc4 – d3?
Dann steht er aber mit der Aufstellung Le3/Ld3 auch nicht besser als Schwarz mit Lb7/Lg7; ja die schwarze Position wirkt sogar elastischer. Den Figuren des Verteidigers ist nicht beizukommen; aber der Le3 mußte sich schon einmal verändern, und am besten würde dies auch der Lc4 tun.

12. e5 Sd5
13. Lf4? Sc3:
14. Dc3: 0–0
15. ed6: cd6:
16. Da3? Ein Angriffszug als Fehler.
16. . . . Sf5!
17. c3 Lf3:
18. gf3: e5
19. Lg3 h5
20. de5: de5:
21. Kh1 Dg5 und Weiß gab auf. Warum, muß gar nicht näher begründet werden.

Mit der Aufreißung des Königsflügels ist die ganze Partie verpatzt, und jetzt wird die Drohung h5 – h4 Materialgewinn erzwingen.

Unsere frommen Lehren aus dem Schachkatechismus sind wie Seifenblasen zerplatzt.
An was soll der Schachjünger nur noch glauben?

(Auszug aus „Deutsche Schachblätter“ Heft Nr. 12, 1967, Seite 277)

Zum Thema IV

Übersicht über die signifikantesten Charakteristika der Robatsch-Partien

und Versuch einer statistischen Auswertung

Partie Nr.	14	15	16	17	18	19	20	21	22	23	24	25	26	27	28	29	30	31	32	18a	%
g6	1	1	1	1	1	1	1	1	1	1	1	1	1	1	1	1	1	1	1	1	100
Lg7	2	2	2	2	2	2	2	2	2	2	2	2	2	2	2	2	2	2	2	2	100
d6	3	3	3	3	3	3	3	3	3	3	3	3	3	3	3	3	3	3	3	3	100
Sd7	4	4	5	5	4	4	4	7	6	4	4	4	4	4	4	5	4	4	4	5	100
e6	5	7	4	4	6	5	5	4	4	6	6	5	5	6	5	4	5	7	5	4	100
Se7	6	8	9	9	7	6	9	8	7	7	7	7	8	7	7	6	7	8	6	6	100
b6	8	6	7	7	8	9	–	6	9	9	9	–	7	–	12	8	8	9	8	7	80
Lb7	9	10	8	10	9	10	11	10	10	10	10	–	–	–	–	11	–	–	9	9	70
a6	7	5	10	6	5	8	7	5	5	5	5	–	6	5	8	7	–	5	–	8	85
h6	10	9	6	8	11	7	6	9	8	8	8	6	9	8	6	9	6	6	7	–	95
0–0	11	21	12	14	10	14	28	11	17	14	16	13	12	12	13	10	12	25	–	10	95
Tausch	16	13	17	15	24	29	15	13	16	19	17	10	10	11	14	18	11	17	11	16	
Bauern-vorstoß auf 5	17	14	15	13	15	28	8	12	11	11	11	8	13	9	9	13	9	11	10	15	
100% RO	ja	ja	ja	ja	ja	ja	90	ja	ja	ja	ja	70	90	80	80	ja	80	90	90	90	
Weiß																					
0–0	6	7	6	–	5	15	–	5	6	6	–	–	6	10	–	11	9	–	20	6	70
0–0–0	–	–	–	–	–	–	8	–	–	–	18	14	–	–	–	–	–	10	–	–	20
Bauern-züge:																					
a	8	6	–	7	10	9	9	6	–	–	6	–	7	6	–	8	–	–	–	8	60
b	–	–	–	–	11	–	–	–	–	–	–	–	–	–	–	–	–	–	–	–	5
c	–	–	7	–	6	–	–	–	10	3	–	–	–	–	1	–	2	–	2	5	40
d	2	2	3	2	2	2	2	1	2	2	2	2	2	2	3	1	1	2	1	1	100
e	1	1	2	1	1	1	1	2	1	1	1	1	1	1	4	2	4	1	4	2	100
f	–	–	–	–	–	–	–	–	–	–	–	8	–	–	7	–	–	6	9	–	20
g	–	–	–	–	–	–	10	–	–	–	–		–	–	–		–	–	8	–	10
h	7	–	11	8	–	11	7	–	–	–	9	7	–	–	–	–	–	–	–	–	30
B/5	16	12	20	14	27	29	12	13	15	19	17	10	13	11	10	18	11	17	12	16	

Zur Erklärung der Übersichtstabelle:

Es wurden die signifikantesten und am stärksten strukturbestimmenden Züge beider Seiten erfaßt, verglichen und statistisch ausgewertet. Ich will jetzt versuchen, eine kleine Bewertung und Ergebnisanalyse folgen zu lassen:

I. Zur Datensammlung

a) Die Partienauswahl erfolgte rein subjektiv. Dies muß man wohl als Buchautor in Kauf nehmen, wenngleich damit zu rechnen ist, daß berechtigte Kritik dagegen erhoben werden könnte.

b) Das Material ist mit zwanzig Partien sehr gering. Es ist mir freilich bewußt, daß zu einer statistischen Erfassung ein Minimum von tausend Partien herangezogen werden sollte. Dies ist aber weder arbeitstechnisch möglich noch liegt es in der Absicht dieses kleinen Bändchens, das ja keinerlei Anspruch auf Wissenschaftlichkeit erhebt, sondern nur Anregungen und Denkanstöße vermitteln will.

II. Die signifikanten Züge

Auf der Seite des Schwarzen konnten zehn Züge als signifikant ermittelt werden, nämlich:
g6, Lg7, d6, sd7, e6, se7, b6, Lb7, a6, h6,
vergleiche hierzu „Schachlehren – unglaubwürdig"

Wenn eine Partie in ihren ersten zehn Zügen zumindest 70% dieses Strukturelements aufweist, wurde sie erst als Material zugelassen, bei geringerer Quote liegt die Vermutung nahe, daß es nach dem hier zugrunde gelegten Verständnis keine tatsächliche Robatsch-Verteidigung ist, sondern etwas anderes Eigenständiges darstellt.

Nun wurden obige zehn Züge daraufhin untersucht,
a) ob sie erfolgt sind, und
b) zu welchem Zeitpunkt sie geschehen sind.

Die Ziffer sagt also aus, im wievielten Zug Schwarz die betreffende Figurenbewegung vollzogen hat. Am Zeilenende ist dann ermittelt, in wieviel % der ausgewerteten Partien dieser Zug erfolgt ist. Diese Quote liegt bei 100% bei:
g6, Lg7, e6, d6, Sd7, Se7, deshalb möchte ich diese Züge als vorrangig strukturtragend bezeichnen.

Eine niedrigere Quote weisen die Züge a6, h6, b6, Lb7 auf.

Hier gilt es zu ermitteln, in welchen Fällen das Fehlen dieser Züge bzw. einzelner davon, bemerkbar ist und auf welchen Hintergründen dies beruht. Nun, das Fehlen des schwarzen b-Bauernzuges bedingt schon von sich aus auch die Nichtfianchettierung des Damenflügelläufers und somit kann also das Problem etwas vereinfacht werden. Wann ist es also angebracht, den c8-Läufer nicht zu fianchettieren? Dazu gibt es verschiedene Hauptgründe, die entweder getrennt oder auch zusammen auftreten können.

A) Der Weiße rochiert frühzeitig lang (z. B. Partie Nr. 31!), so daß Schwarz Tb8 nebst Bauernsturm a6, b5 usw. anstrebt. Dabei ist der Läufer b7 unerwünscht und wird also auf c8 belassen,

B) Das weiße Zentrum ist mittels e4/d5 bzw. f3, e4 auf den hellen Feldern festzementiert und unangreifbar (vergleiche dazu Partien 26/28/31). In diesem Falle beißt ein Läufer b7 auf Granit und ist zwecklos,

C) Schwarz plant in irgendeiner Form den f-Bauern zu aktivieren, und es bedarf dabei des Schutzes des c8-Läufers für Feld e6 (vergleiche dazu Partien 27/28/30). Der Lc8 ist also unabkömmlich,

D) Ohne den Vorstoß f7–f5 zu planen, gibt Schwarz der Läuferverwendung auf der Diagonale c8–h3 den Vorzug (vergleiche Partie Nr. 26).

Zu dem Verzicht auf den Zug h6 (vergleiche Partie 18a) bzw. a6 bedarf es weniger fundierter Erwägungen. Er ist meines Erachtens vorwiegend Geschmackssache und situationsbedingt.

Zu den anderen Bewertungsspezifika:
Die 0–0 bei Schwarz kommt in fast allen demonstrierten Partien vor. Daß sie sehr oft spät erfolgt (vergleiche Nr. 15/20/31), fällt besonders ins Auge. Der Verzicht auf die Rochade ist nur einmal (Partie Nr. 32) demonstriert, jedoch ist dieser Rochadeverzicht in Wirklichkeit wesentlich häufiger und keineswegs von der Hand zu weisen.

0–0–0 kommt bei Schwarz in der Statistik nicht vor, jedoch liegt dies eben auch in der zuvor schon bedauerten Materialknappheit, die eine gewisse Einseitigkeit vortäuscht, die es bei größerem Vergleichsmaterial nicht gäbe.

Der Bauernvorstoß auf ein Feld der 5. Reihe ist als Kampfmotiv von strukturtragender Bedeutung und wird deshalb eigens statistisch ausgewertet. Ein solcher Bauernzug ist stets ein kritischer Zug.

Als weiteres Kriterium wurde der erste vollzogene Tausch in die Statistik aufgenommen.

Die signifikanten Züge bei Weiß:
Hier wurden in erster Linie die geschehenen Bauernzüge (nur in den ersten 10 Zügen) als strukturtragende Stellungs-Elemente erkannt und ausgewertet. Dabei fällt auf, daß das Aufziehen der Zentralbauern d und e immer (zu 100%) vorgekommen ist. Logisch, weil ja das allein erst den Schwarzen zur Robatsch-Verteidigung animiert. Dies ist also nicht zufällig, sondern systembedingt.

Die wesentlich geringeren Vorstoßwerte der b-, c-, f-, g-Bauern entsprechen ebenso den Strukturgepflogenheiten.

Der Bauernvorstoß auf die fünfte Reihe wurde für Weiß ebenso wie für Schwarz als markantestes Kriterium erkannt und ermittelt.

Die Rochade wurde von Weiß vornehmlich kurz	(zu 70%),
weniger häufig lang	(zu 20%)
und sehr selten gar nicht	(zu 10%) gespielt.

Ausschluß-Kriterien:
Die Robatsch-Verteidigung ist nicht anwendbar,
wenn Weiß selbst eine Fianchetto-Variante spielt, z. B.

Larsen-Eröffnung	1. b3 oder
Orang-Utan-Eröffnung	1. b4 oder
Königsfianchetto	1. g3

Varianten der Robatsch-Verteidigung:

Mittelfristig wird es sich wohl kaum vermeiden lassen, daß ausführliche Analysen auch in der Robatsch-Verteidigung zu einem weitverflochtenen Variantengestrüpp führen. Meine Absicht geht aber vorerst nicht in diese, sondern in die entgegengesetzte Richtung: anstatt Varianten zu vermitteln, will ich vielmehr die zugrunde liegenden Ideen und Leitgedanken aufzeigen.

Im folgenden möchte ich verschiedene Vorzüge der Robatsch-Verteidigung erwähnen und dem Leser nahezubringen versuchen.

1. Das schwarze Stellungsgefüge ist ausgesprochen dynamisch und elastisch. Alle schwarzen Figuren sind voll beweglich, und die Position ist überaus flexibel. Die Verteidigung muß nicht starr geführt werden, sondern ist fähig, sich den jeweiligen Erfordernissen anzupassen.

2. Das Stellungsgefüge hat keine organischen Schwachpunkte.

3. Das eigentliche Kampfgeschehen wird hinausgeschoben. Es kommt in der Regel erst relativ spät zur ersten Fühlungnahme.

4. Die Robatsch-Verteidigung ermöglicht je nach Veranlagung und Situation Übergänge in zahllose bekannte oder weniger bekannte Stellungstypen und Eröffnungsmuster. Hierzu nimmt Großmeister Robatsch wie folgt Stellung: Auszug aus „Großes Schach-Lexikon K. Lindörfer“:
   „In meiner Verteidigung wird die Wirkung des Fianchetto-Läufers auf das Zentralfeld d4 voll ausgenützt. Die schwarzen Bauern werden noch nicht aufgezogen, um dem weißen Aufmarsch in verschiedener Weise entgegentreten zu können. Aus dieser Strategie heraus ergeben sich im e4-Komplex Stellungsbilder aus der Skandinavischen, Französischen, Sizilianischen, Caro-Kann- und Aljechin-Verteidigung.

   Im d4-Komplex sind Übergänge zu Königsindisch oder Benoni möglich. Die vielfältigen Systeme und originellen Stellungen erschweren dem Anziehenden eine Spezialisierung, wie sie in konventionellen Eröffnungen möglich ist.“

5. Die Robatsch-Verteidigung ist eine Fundgrube eigener Ideen. Kreative und schöpferische Spieler, die den theoretischen Zwängen der Mode-Varianten entfliehen wollen, werden hier ein breites Betätigungsfeld finden. Der spielstärke-nivellierende Einfluß der unterschiedlichen oft zufallsbedingten Theoriekenntnisse wird vermieden.

6. Die Robatsch-Verteidigung ist inzwischen weitestgehend auch in der Meisterpraxis anerkannt. An dieser Stelle zitiere ich wiederum Großmeister Robatsch:
   „Der Zug 1. . . . g6 wurde früher aus Überraschungsmotiven, nie aber aus systematischen Überlegungen heraus gespielt. Zuerst wurde meine Verteidigung verpönt und belächelt; später haben sich auch Spieler der Weltklasse von deren positioneller Korrektheit überzeugen lassen und sie in ihr Repertoire aufgenommen.“
   (Auszug aus Großes Schach-Lexikon, K. Lindörfer)

Dies ist eine der häufigsten Thema-Stellungen der Robatsch-Verteidigung, die Schwarz in zahlreichen der demonstrierten Partien einnimmt.

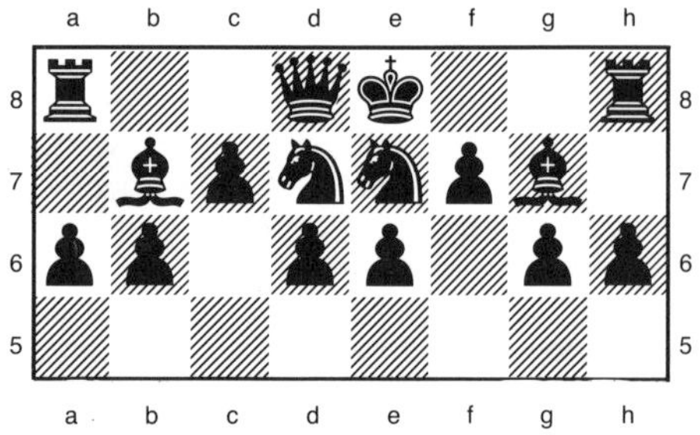

Varianten im Anzug

Die Partie Nr. 13 auf der gegenüberliegenden Seite will ich zum Anlaß nehmen zu einigen prinzipiellen Erwägungen:
Varianten im Anzug sind zwar mitunter im Gespräch, doch nur in Ausnahmefällen, und von ganz wenigen Spielern werden sie verwendet. Dies aber beweist einmal mehr, wie sehr unser Schachdenken von Konventionen und Theoriebüchern verbildet ist.
Warum soll ein Freund der Französischen Verteidigung nicht mit e3 eine Partie eröffnen und Französisch im Anzug spielen, ein Anhänger des Robatsch-Systems mit g3 oder ein Verfechter des Caro-Kann-Systems mit c3 beginnen?
Dies geschieht alles so ausgesprochen selten, daß die wenigen Fälle, in denen es vorkommt, entweder übersehen oder gar belächelt werden.
Der Vorteil, sein eigenes Verteidigungssystem mit Mehrtempo zu spielen und dazu den Spielgegner noch gehörig zu verblüffen, sollte es doch eigentlich wert sein, dieses Experiment nicht zu scheuen. Ich verweise dabei noch auf eine sehr interessante Partie, die ich dem Schach-Echo Nr. 11. 1979, Seite 167, entnehme und in welcher der Anziehende mit diesem Überraschungseffekt eine nur siebenzügige Kurzpartie gewann:

Prof. Dr. H. Henningsen – R. Borik

1. d3 f5
2. e4 fe4:
3. de4: d6
4. Lc4 Sf6
5. e5 d5
6. ef6: dc4:
7. f7+ **1 : 0**

Man sollte wahrhaft nicht glauben, daß ein so bescheidener Zug (1. d3) so kolossale Wirkung haben kann, aber gegen ungewohnte Eröffnungsmotive sind selbst Weltmeister anfällig (vergl. Vorwort Karpow – Miles).
Für mich selbst war die Partie Nr. 13 zwar keineswegs der erste Versuch mit der Robatsch-Verteidigung, aber doch zumindest eine der ersten vorzeigbaren und erfolgreichen Partien mit diesem System, welche mich bestärkt hat, auf dem beschrittenen Weg fortzufahren.

Partie Nr. 13

Robatsch-Variante im Anzug

Weiß: Feustel
Schwarz: Stock

8. 8. 72 – Bad Königshofen

1.	g2–g3	d7–d5
2.	Lf1–g2	e7–e5
3.	d2–d3	Sg8–f6
4.	Sb1–d2	Lf8–c5
5.	e2–e3	Sb8–c6
6.	Sg1–e2	Lc8–g4
7.	h2–h3	Lg4–e6
8.	a2–a3	Dd8–d7
9.	b2–b3	0–0
10.	Lc1–b2	Ta8–d8
11.	Sd2–f3	e5–e4
12.	Sf3–g5	Le6–f5[1]
13.	g3–g4	Lf5–g6
14.	Se2–f4	h7–h6[2]
15.	Sg5–e6	f7xe6
16.	Sf4xg6	Tf8–f7
17.	b3–b4	Lc5–d6

Diagrammstellung nach dem 15. Zug von Weiß:
Weiß kann zufrieden sein, er hat die Initiative und kann sich des schwarzen Läuferpaares entledigen.

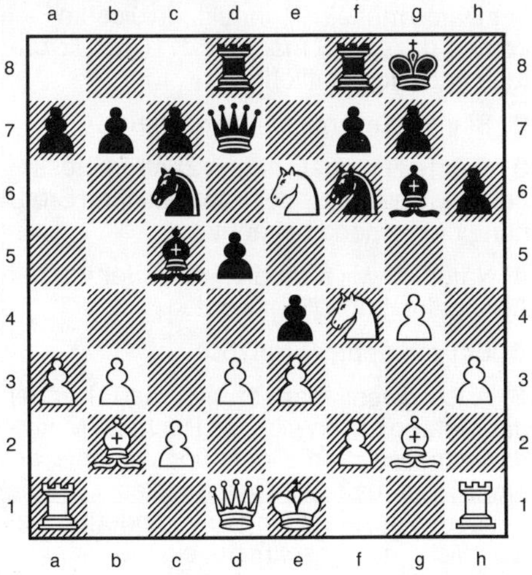

18.	h3–h4[3]	e4xd3
19.	c2xd3	Sc6–e7
20.	Sg6xe7+[4]	Dd7xe7
21.	g4–g5	Sf6–e8
22.	g5xh6	Ld6xb4+
23.	Ke1–f1[5]	De7–f8[6]
24.	Lb2xg7	Se8xg7
25.	h6xg7	Tf7xf2+
26.	Kf1–g1	Tf2xg2+
27.	Kg1xg2	Df8xg7+
28.	Kg2–h3	Dg7–h6
29.	Th1–g1+	Kg8–h8
30.	a3xb4	Dh6xe3+
31.	Tg1–g3	

1 : 0

Kommentare:

1 Mit diesem Zug gibt Schwarz zu erkennen, daß er sein Läuferpaar vorerst zu behalten beabsichtigt.

2 Dies ist nun schon eine deutliche Ungenauigkeit, weil dadurch die vorhandene Deckung des Läufers g6 geschwächt wird und dem Weißen die folgende taktische Möglichkeit eingeräumt wird. Ein besserer schwarzer Plan wäre Tfe8.

3 Da Weiß ohnehin nicht mehr rochieren wird, ist dieser Bauernvorstoß gegen den schwarzen Königsflügel durchaus stellungs- und systemgerecht, und Schwarz hat Schwierigkeiten, ein geeignetes Gegenspiel in Gang zu bringen.

4 Ebenfalls stark in Betracht käme für Weiß der Springerrückzug nach e5, wonach das dominierende weiße Läuferpaar dauerhaften Stellungsvorteil garantiert.

5 Natürlich kann man dem Gegner nicht den Gefallen tun und auf die von Schwarz beabsichtigte Abwicklung
23. ab4: Db4:+
24. Dd2 Dd2:+
25. Kd2: Tf2:+
mit guten Chancen für Schwarz, eingehen.

6 Dies ist nun ein weiterer schwarzer Fehlzug und führt zu partieentscheidendem Nachteil, während mit 23. . . . Ld6 der Nachziehende noch aussichtsreichen Widerstand hätte leisten können.

Partie Nr. 14

Robatsch-Verteidigung

Weiß: Weigel
Schwarz: Feustel

7. 12. 75 – Bundesliga

1.	e2–e4	g7–g6
2.	d2–d4	Lf8–g7
3.	Sb1–c3	d7–d6
4.	Sg1–f3	Sb8–d7
5.	Lf1–c4	e7–e6
6.	0–0	Sg8–e7
7.	h2–h3	a7–a6
8.	a2–a4	b7–b6
9.	Dd1–e2	Lc8–b7
10.	Lc1–f4	h7–h6
11.	Ta1–d1	0–0
12.	Lf4–g3	Dd8–e8[1]
13.	Tf1–e1[2]	Kg8–h7
14.	h3–h4	Sd7–f6
15.	Lc4–d3	Sf6–d7
16.	e4–e5[3]	Lb7xf3[4]
17.	De2xf3	d6–d5[5]
18.	h4–h5	c7–c5[6]
19.	d4xc5	Sd7xc5
20.	Df3–g4	Sc5xd3

Stellung nach dem 20. Zug von Weiß:

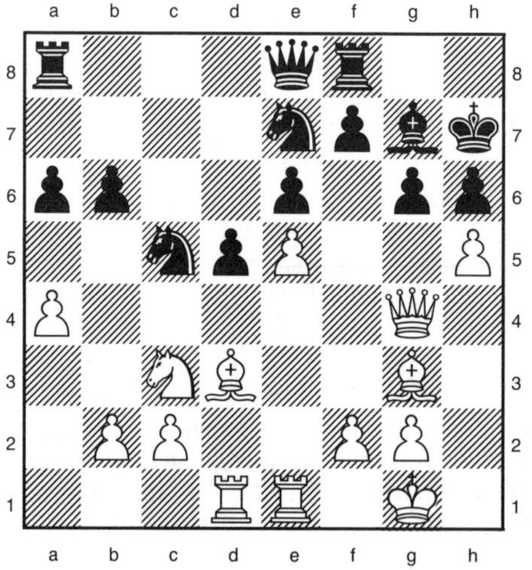

21.	Td1xd3	Se7–f5
22.	Lg3–f4	Ta8–c8
23.	b2–b3[9]	De8–e7[10]
24.	Lf4–d2	d5–d4[11]
25.	Sc3–a2[12]	De7–a3[13]
26.	Sa2–c1	Tc8xc2
27.	Sc1–e2	Lg7xe5[14]
28.	Dg4–e4	Da3–d6
29.	g2–g4[15]	Sf5–h4
30.	f2–f4	f7–f5[16]
31.	De4–h1[17]	Le5–f6
32.	g4–g5	h6xg5
33.	f4xg5[18]	Tc2xd2[19]
34.	Td3xd2[20]	Lf6xg5
35.	Td2–d3[21]	e6–e5
36.	Td3–g3	e5–e4[22]
37.	h5xg6+	Kh7–g7[23]
38.	Kg1–f1	d4–d3
39.	Tg3xg5	d3xe2+
40.	Kf1xe2	Dd6–d3+
41.	Ke2–f2	Dd3–d2+

0 : 1

Kommentare:

1 Ein überaus elastischer Abwartezug in der kompletten Robatsch-Verteidigung ebenso wie in deren Varianten.
Solange Weiß sich noch nicht festgelegt hat auf einen konkreten Plan, kann Schwarz mit der Dame mühelos pendeln. (In diesem Fall kommt dazu, daß man der d1-Turm-Eventualopposition entflieht.)

2 Sinnvoll und gut als Abwartezug.

3 Führt zur statischen Zentrumsfestlegung, wie auch aus der französischen Eröffnung hinreichend bekannt.

4 Natürlich will man diesen Läufer vor der Abriegelung d6–d5 loswerden.

5 Ein verkappter Franzose.

6 Auch dieser Plan ist nicht neu. Kenner der Materie fühlen sich mit Recht an Motive der französischen Einengungsvariante erinnert, nur daß Schwarz in dieser Partie bessere Voraussetzungen vorfindet als gewöhnlich: gut geschützte eigene Königsstellung, keine schwachen Läufer hinter der eigenen Bauernformation.

7 Der Springer soll getauscht werden gegen den d3-Läufer, um das weiße Angriffspotential weiter zu reduzieren. Bei gesicherter Königsstellung kann sich Schwarz dann um so ungestörter an die Durchführung der eigenen Pläne machen. (Besetzung der c-Linie usw.)

8 Das geplante und stellungsgerechte Verfahrensmuster.

9 Um das Feld c4 zu verteidigen und dem feindlichen Turm das Eindringen zu erschweren.

10 Die schwarze Dame soll die Felderschwächen am Damenflügel gelegentlich aufs Korn nehmen und strebt u. U. nach b4.

11 Dieser Zug erzwingt zwar die c-Linienöffnung, gibt aber auch das Feld e4 preis, und das ist freilich ein äußerst unliebsamer Nebeneffekt.

12 Der c-Bauer soll nicht ohne weiteres aufgegeben werden, sofortiges Tc2: würde jetzt die Qualität kosten mittels Lb4.

13 Wenn schon Weiß seinen Springer deplaziert aufstellt, so kann es sich der Nachziehende wohl auch leisten, seine Dame vorübergehend an den Rand zu stellen, um so mehr, als Bauerngewinn lockt.

14 Schwarz profitiert noch einen zweiten Bauern, muß aber in Kauf nehmen, daß nunmehr die weißen Figuren durch sehr effizientes Zusammenspiel intensiven Druck entfalten.

15 Mit zwei Minusbauern stürzt sich Weiß in ein unübersichtliches Abenteuer, was dem Gegner aber äußerste Präzision in der Verteidigung abverlangt.

16 Schwarz muß jetzt taktisch ganz schön auf der Höhe sein, um nicht noch den Faden zu verlieren.

17 Unzählige Alternativ-Möglichkeiten erfordern großen Rechenaufwand bzw. Stellungsgespür, z. B.

31. De5: De5:
32. fe5: Td2:
33. Td2: Sf3+
34. Kbel. Sd2:

18 Weiß scheint seinem Ziel immer näher zu kommen und drückt gegen die schwarze Königsstellung mit äußerster Konsequenz.

19 Dieses Qualitätsopfer war nun schon unvermeidlich und läßt Schwarz etwas Atempause. Daß es wohl angenommen werden muß zeigt folgende Eventualzugfolge.

20 34. Dh4: Td3:
35. hg6:+ Kg6:
36. Dh6+ Kf7
37. Df6:+ Ke8

und der schwarze König bringt sich in Sicherheit /−+/.

21 Die Folgen des Qualitäts-Rückopfers
35. Td4: Le3+
36. Kbel. Ld4:
37. Dh4:

waren mir in Zeitnot auch außerordentlich unklar.

22 Mit der Bauernwalze kann der weiße Widerstand jetzt gebrochen werden. Die indirekte Deckung des g5-Läufers mittels der Springerschachdrohung auf f3 gefiel mir außergewöhnlich gut und ist wohl auch objektiv das stärkste.

23 Nur keinen Fingerfehler mehr machen! Es zeigt sich, daß der schwarze König jetzt bombensicher steht, z. B.
38. Tg5: Sf3+
39. Kbel. Sg5:

und der Springer überdeckt das Feld h7.

Partie Nr. 15

Robatsch-Verteidigung

Weiß: Bastian
Schwarz: Feustel

4. 4. 77 – Nordhorn

1.	e2–e4	g7–g6
2.	d2–d4	Lf8–g7
3.	Sg1–f3	d7–d6
4.	Sb1–c3	Sb8–d7
5.	Lf1–e2	a7–a6
6.	a2–a4	b7–b6
7.	0–0	e7–e6
8.	Lc1–g5	Sg8–e7
9.	Dd1–d2	h7–h6
10.	Lg5–e3	Lc8–b7
11.	Ta1–d1	Sd7–f6[1]
12.	e4–e5	Sf6–g4
13.	e5xd6	c7xd6
14.	Le3–f4	g6–g5[2]
15.	Lf4–g3	Se7–f5
16.	d4–d5[3]	e6–e5
17.	Dd2–d3	Lb7–c8
18.	Sf3–d2	Sf5–e7
19.	Sd2–c4	Lc8–f5
20.	Dd3–d2	Sg4–f6
21.	f2–f3	0–0[4]
22.	Lg3–f2[5]	Ta8–b8
23.	g2–g4[6]	Lf5–c8
24.	h2–h4	Se7–g6[7]
25.	h4xg5	h6xg5
26.	Lf2–e3[8]	Sg6–f4
27.	Le3xf4	g5xf4
28.	Dd2–d3	b6–b5[9]
29.	a4xb5	a6xb5
30.	Sc4–d2	b5–b4
31.	Sc3–e4	Sf6–h7[10]
32.	Sd2–c4[11]	f7–f5
33.	g4xf5	Lc8xf5
34.	Sc4xd6	Sh7–g5
35.	Sd6xf5[12]	Tf8xf5
36.	Se4–f2	Dd8–d7
37.	Td1–a1[13]	Tb8–b6[14]
38.	Ta1–a7[15]	Tb6–g6
39.	Ta7xd7	Sg5xf3+
40.	Kg1–h1	Tf5–h5+

0 : 1

Stellung nach dem 22. Zug von Schwarz:

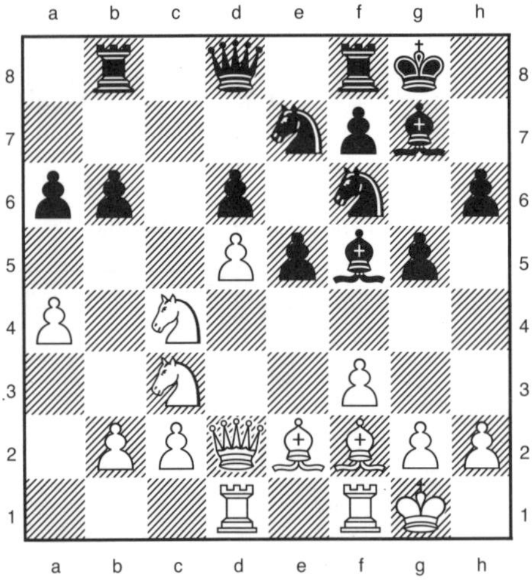

nach dem 38. Zug von Schwarz:

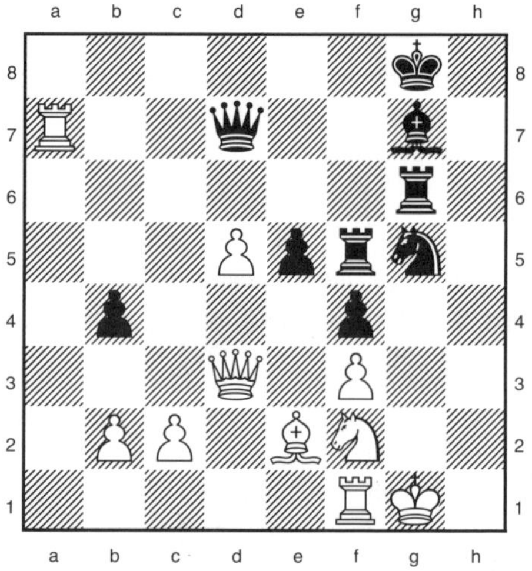

Kommentare:

1 Der elfte Zug ist für Schwarz in der Robatsch-Verteidigung oft der Schwierigste, weil damit in der Regel schon die Stellungsstruktur festgeschrieben wird. In diesem Fall ist der Druck gegen e4 mittels Sf6 sicher systemgerecht.

2 Schwarz zeigt Risikobereitschaft, g5 ist konsequent aber äußerst verpflichtend und bedarf genauer Berechnung.

3 Wie sich der Wettkampfverlauf nach Sg5: gestaltet hätte, vermag ich heute schwerlich zu beantworten. Es wären wohl so komplizierte Varianten, wie z. B.
16. Sg5: Dg5:
17. Dg5: hg5:
18. Lg4: Sd4: usw.
mit äußerst unübersichtlichem Spiel in Betracht gekommen.

4 Erst sehr spät kommt Schwarz zur Rochade – nachdem die Kavallerie erfolglos von ihrem Ausritt nach g4, f5 zurückgekehrt ist.

5 Druck gegen b6.

6 Unnötig scharf gespielt. Diese Königsflügelschwächung kommt dem Nachziehenden zugute.

7 Der Springer strebt nach f4.

8 Auf 26. Dg5: Sf4 kann sich Weiß nicht einlassen.

9 Die Stellung wird immer komplizierter. Schwarz sucht Spiel auf der b-Linie.

10 Springer am Rand ist in diesem Fall wirklich nicht ratsam. Es sollte besser auf e4 getauscht werden und danach energisch f5!

11 Das Malheur ist passiert. Wer deckt jetzt den Stützpunktbauern d6?

12 Weiß wickelt vorteilhaft ab.

13 Der erste Schritt ins Verhängnis. Mit 37. d6 wäre Weiß besser gefahren. Der Turm ist auf der Randlinie fehl am Platz.

14 Der Turm hat böse Absichten!

15 Weiß ist ganz arglos und glaubt an einen leichten Sieg.
In beidseitiger Zeitnot traut er seinem Gegner offensichtlich die folgende Gemeinheit nicht zu und geht somit unversehens in die bereitgestellte Falle!

Zu den Partie-Beispielen Robatsch-Verteidigung Nr. 13–18

Die Nr. 13 (Feustel – Stock) stammt aus meiner schachlichen Frühzeit, aus dem Jahre 1972, als ich mich das erste Mal außerhalb des Jugendschachsektors als Oberfränkischer Meister für die bayerische Spielebene berechtigen konnte. Die Partie habe ich an anderer Stelle bereits zum Anlaß gesonderter Überlegungen genommen.
Die Partie Nr. 14 (Weigel – Feustel) 1975 (Grundig Nürnberg – SC Bamberg) aus der damals noch vierteiligen Schach-Bundesliga, zeigt einen Übergang der Robatsch-Verteidigung in Stellungsmotive der französischen Verteidigung.
Die Nummern 15 und 16 sind aus dem Junioren-Einladungsturnier des Schachbundes NRW in Nordhorn 1977, aus welchem damals

Pantschenko	(UdSSR)	mit 10	aus 11 vor
Taulbut	(England)	7,5	aus 11 und
Feustel	(BRD)	7	aus 11

bei insgesamt 12 Teilnehmern als Sieger hervorging.

Während Partie Nr. 15 (Bastian – Feustel) nur durch Mißgriffe meines Gegners in Zeitnot zu meinen Gunsten endete, warnt die Partie Nr. 16 (Feustel – Rieke) davor, quasi aus Jux fremde Eröffnungssysteme nachahmen zu wollen.
Die Partie Nr. 17 (Böhm – Feustel) aus der NDEM 1978 ist eine nervenaufreibende Brettschlacht, die keinen Anspruch auf Korrektheit erheben will.
Der Partie Nr. 18 (Kindermann – Feustel) stellte ich zum Kontrast die Partie Nr. 18a (Petrosjan – Spasskij) Weltmeisterschaftskampf 1966 gegenüber und will damit den Beweis antreten, daß die angesprochenen Eröffnungsvarianten auch in höchsten Kreisen der Schach-Hierarchie hoffähig sind.

Partie Nr. 16

Robatsch-Verteidigung

Weiß: Feustel
Schwarz: Rieke

8. 4. 77 – Nordhorn

1.	Sg1–f3	g7–g6
2.	e2–e4[1]	Lf8–g7
3.	d2–d4	d7–d6
4.	Lf1–c4	e7–e6[2]
5.	Lc4–b3[3]	Sb8–d7
6.	0–0	h7–h6
7.	c2–c3	b7–b6
8.	Lc1–f4	Lc8–b7
9.	Tf1–e1	Sg8–e7
10.	Sb1–d2	a7–a6[4]
11.	h2–h4	Sd7–f6
12.	Dd1–e2	0–0
13.	Sf3–h2	Kg8–h7
14.	g2–g4	Sf6–g8
15.	De2–e3	e6–e5
16.	Lf4–g3	f7–f6[5]
17.	Ta1–d1	e5xd4
18.	c3xd4	d6–d5
19.	Td1–c1	Ta8–c8
20.	h4–h5	g6xh5
21.	e4–e5	h5xg4

nach dem 21. Zug von Weiß:

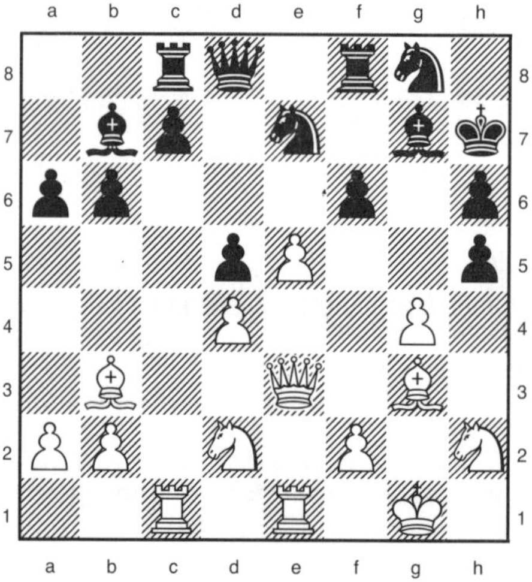

22.	e5xf6	Lg7xf6
23.	Lb3–c2+	Kh7–h8
24.	Sh2xg4	Lf6–g7
25.	Sd2–f3	Se7–f5
26.	De3–d3	Sg8–e7
27.	Sf3–h4	Kh8–g8
28.	Te1xe7[6]	Dd8xe7
29.	Sh4xf5	De7–g5
30.	Sf5xh6+	

1 : 0

Kommentare:

1 Nur ganz selten lasse ich mich zu diesem für meine Person untypischen Zug hinreißen. Der Feustelsche Standardzug ist in dieser Stellung meist c4.

2 So langsam bekam ich so eine dunkle Ahnung, was mir in dieser Partie Schlimmes bevorsteht. Zuvor war ich noch fest der Überzeugung, daß mein Gegner eine ordentliche und anständige Pirc-Verteidigung aufs Brett bringen würde.

3 Ein Wartezug, der nichts verdirbt, und erst soll mal Schwarz seine Karten auf den Tisch legen, bevor sich Weiß zu einer Stellungsfestlegung entschließt.

4 Eine überaus unangenehme Situation. Da sitzt man da und muß quasi gegen sich selbst spielen.
Nicht nur einmal wurde ich scherzhaft gefragt, ob ich nicht aus Versehen auf der falschen Brettseite sitze. Die Kiebitze waren gespannt, was ich wohl gegen mein eigenes System auf Lager hätte, und ich fühlte mich äußerst unwohl in meiner Haut.

5 Inzwischen hat Schwarz, der wohl nur die ersten zehn Züge richtig gelernt hatte, seine Stellung schon arg mißhandelt. Meinerseits habe ich wohl zuerst auch keinen optimalen Plan gehabt, aber jetzt spielt sich die Partie schon bald von allein.

6 Der völlig verkorksten schwarzen Position muß jetzt schnellstens der Gnadenstoß versetzt werden.
So einfach kann man also gegen die Robatsch-Verteidigung gewinnen, nur bedarf das halt erst mal großzügiger gegnerischer Mithilfe.

Partie Nr. 17

Robatsch-Verteidigung

Weiß: Böhm
Schwarz: Feustel

NDEM 1978 – Bad Neuenahr/Ahrweiler

1.	e2–e4	g7–g6
2.	d2–d4	Lf8–g7
3.	Sg1–f3	d7–d6
4.	Lf1–c4	e7–e6
5.	Sb1–c3	Sb8–d7
6.	Dd1–e2	a7–a6
7.	a2–a4	b7–b6
8.	h2–h4	h7–h6
9.	Lc1–e3	Sg8–e7
10.	Ta1–d1	Lc8–b7
11.	Lc4–b3	Sd7–f6
12.	Sf3–d2	Dd8–c8[1]
13.	f2–f3	d6–d5
14.	a4–a5[2]	0–0
15.	a5xb6	c7xb6[3]
16.	Th1–h3[4]	b6–b5
17.	e4–e5	Sf6–d7
18.	g2–g4	b5–b4[5]
19.	Sc3–a4	Lb7–c6
20.	h4–h5	Lc6–b5[6]
21.	De2–h2	g6–g5
22.	f3–f4	f7–f6[7]
23.	e5xf6	Sd7xf6
24.	Dh2–g1[8]	Dc8–e8[9]
25.	f4xg5	h6xg5
26.	Sa4–c5[10]	Se7–c6
27.	h5–h6	Lg7–h8
28.	h6–h7+	Sf6xh7
29.	Dg1–h1[11]	Ta8–a7[12]
30.	Sc5xe6[13]	Tf8–f7[14]
31.	Lb3xd5[15]	Lh8xd4
32.	Le3xd4	Sc6xd4[16]
33.	Sd2–e4	Sd4xe6
34.	Th3xh7	Tf7xh7
35.	Se4–f6+	Kg8–h8
36.	Sf6xe8	Th7xh1+
37.	Ld5xh1	Lb5xe8
38.	Td1–d6	Se6–f4
39.	Td6–d8	Ta7–e7+
40.	Ke1–d1	Te7–d7+[17]

0 : 1

Stellung nach dem 32. Zug von Schwarz:

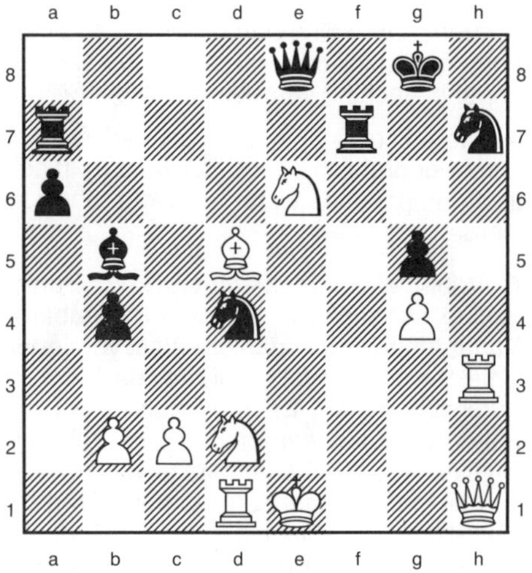

Kommentare:

1 Da Weiß nicht rochiert hat, will sich Schwarz auch noch nicht festlegen.
Es gibt aber kaum sinnvolle Züge und so zieht erst mal die Dame aus der d-Linie weg.
2 Weiß spielt auch unkonventionell, mit diesem Zug belästigt er den schwarzen Damenflügel.

3 Die Robatsch-Verteidigung wird einem nie langweilig, und jede Partie läßt andere Kampfbilder entstehen. Diese Position weist schon jetzt Strukturen auf, mit denen ich es als Schwarzer zuvor nie zu tun hatte.

4 Böhm erweist sich als phantasiebegabter Spieler, der die ausgetretenen Pfade ebenso scheut wie der Buchautor. Vgl. Vorwort-Partie. Der Turmzug hat etwas eigentümlich Bedrohliches, und die weiße Position bietet bislang kaum Angriffsflächen.

5 Nach vollzogener Zentrumsabsperrung zeichnen sich jetzt langsam vertrautere Positionsmuster ab:
Weißer Bauernsturm gegen die schwarze Königsstellung, schwarze Damenflügelaktion im Gegenzug.

6 Beide Parteien haben sich ihre Ziele abgesteckt und verfolgen ihre Pläne mit Konsequenz. Die weiße Dame wird angestoßen, doch macht ihr das nichts aus, da sie sich ohnehin nach h2 verändern wollte.

7 Die Aktionen am Königsflügel werden immer bedrohlicher, und Schwarz muß höllisch aufpassen, wenn er nicht überrollt werden will.

8 Von diesem Moment bis zum Partieschluß herrscht ein so unüberschaubares Variantengestrüpp, daß es selbst versierten Spielern schwer fallen dürfte, da heil hindurchzukommen. Es kann auch nicht annähernd geklärt werden, wo und wie beide Spieler besser hätten fortsetzen sollen, und es soll in den folgenden Kommentaren bei Kurz-Hinweisen bleiben.
Anstelle von 24. Dg1 waren auch 24. Sb6 sowie 24. fg5: in Erwägung zu ziehen.

9 Unklar bleibt mir z. B. der Variantenkomplex 24. – e5 mit der Drohung Dg4:, der allein seitenlange Analysen erforderlich machen würde.

10 Der bedrohte Randspringer greift in die Schlacht ein und nimmt e6 unter Beschuß.

11 Weiß bedroht damit offensichtlich h7, doch ist die versteckte Nebendrohung gegen d5 nicht minder gefährlich.

12 Schwarz kann damit h7 schützen, hat aber wohl die doch berechtigten Sorgen um sein Königshaus.

13 Mit diesem Einschlag werden die Grundfesten der schwarzen Verteidigung erschüttert. Die Spannung erreicht ihren Höhepunkt, und kaum noch jemand hat bei diesem Gemetzel den Durchblick behalten, am wenigsten wohl die beiden Spieler.

14 Was sonst? In der Not.

15 Ein Hitchcock-Krimi ist nichts gegen diese Stellung!

16 Beide Könige bewegen sich wie Seiltänzer über dem Abgrund, jeden Augenblick in der Gefahr zu straucheln. Jetzt sieht sich der weiße Herrscher plötzlich der einzügigen Mattdrohung Sc2+ ausgesetzt und hat bei offener e-Linie kein gutes Gefühl.

17 Der Pulverdampf ist verzogen. Der Partieschluß – ohnehin von Zeitnot geprägt – stellt viele Rätsel, und wenn ein Leser auf Anhieb alles verstanden hat, dann ist er den Partiespielern bei weitem voraus.
Es läßt sich der Eindruck nicht von der Hand weisen, daß es in diesem Zeitnotdrama lediglich einen Zufallssieger gab und dieser sich nicht durch Überblick auszeichnete, sondern nur dadurch, daß er halt eine Figur weniger eingestellt hat.
Ein derartiger Partieschluß macht Schach geradezu zum Glücksspiel!

Partie Nr. 18

Robatsch-Verteidigung

Weiß: (IM) Kindermann
Schwarz: Feustel

August 1978 – Bad Königshofen

1.	e2–e4	g7–g6
2.	d2–d4	Lf8–g7
3.	Sg1–f3	d7–d6
4.	Lf1–d3	Sb8–d7
5.	0–0	a7–a6
6.	c2–c3	e7–e6
7.	Dd1–e2	Sg8–e7
8.	Sb1–d2	b7–b6
9.	Sd2–c4[1]	Lc8–b7
10.	a2–a4	0–0
11.	b2–b3	h7–h6
12.	Tf1–e1	f7–f6[2]
13.	Lc1–a3[3]	Dd8–e8[4]
14.	Ta1–d1	Kg8–h7
15.	Ld3–c2	e6–e5
16.	Td1–d2[5]	a6–a5
17.	Te1–d1	Lb7–a6[6]
18.	Lc2–d3	Sd7–b8
19.	Sc4–e3	La6–c8[7]
20.	Ld3–b5	De8–f7
21.	Lb5–c4	Df7–e8

Nach dem 13. Zug von Schwarz

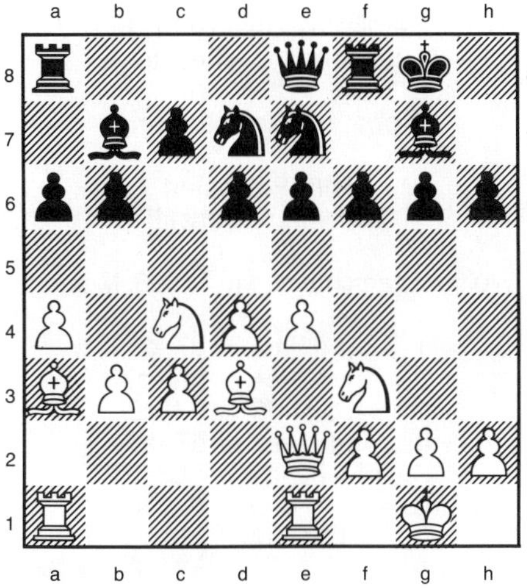

Stellung nach dem 21. Zug von Schwarz:

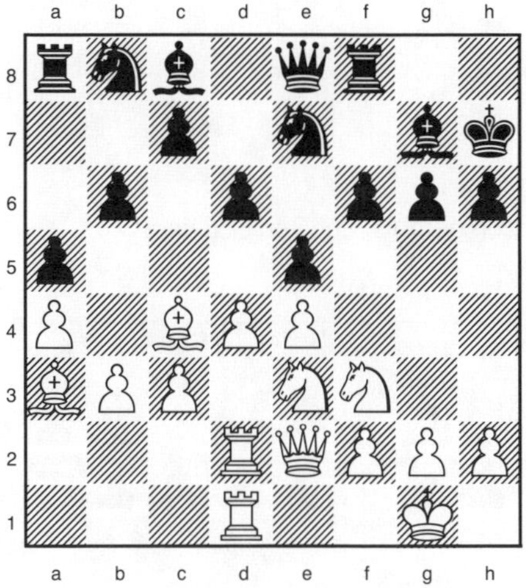

22.	Td2–a2[8]	g6–g5[9]
23.	Sf3–d2	Sb8–c6
24.	Sd2–f1[10]	e5xd4[11]
25.	c3xd4	f6–f5
26.	Se3–d5[12]	Ta8–a7[13]
27.	e4–e5	Se7xd5
28.	Lc4xd5	Sc6–b4[14]
29.	La3xb4	a5xb4
30.	e5xd6	De8–d7[15]
31.	De2–e7[16]	

Remis

Kommentare:

1 Dieser Zug erscheint nur im ersten Moment etwas eigenartig und ungewöhnlich. Es sind darin aber mehrere Absichten vereint:
Potentielle Springerüberführung nach e3, gekoppelt mit Druckspiel gegen die Zentralfelder e5 und d6.

2 Sonderbar und originell. Dem Zug liegt aber die Absicht zugrunde, den Bauernvorstoß e6–e5 vorzubereiten und dann im Fall eines Tausches mit dem f-Bauern ins Zentrum schlagen zu können. Möglich wurde f6 nur, weil das Feld c4 dem weißen Läufer verstellt ist.

3 Verstärkt den Druck gegen d6 und ermöglicht dem Weißen die Türme im Zentrum zu verdoppeln.

4 Nach diesem 13. Zug gilt es einzuhalten und den Vergleich mit der Vorgängerpartie: Petrosjan – Spasskij anzustellen. In beiden Fällen treten die gleichen oder zumindest ähnliche Strukturen zu Tage, und den Unterschieden will ich kurz nachspüren.
Der Schwarze Aufbau ist beinahe ganz identisch und nur h7–h6 ist hier anstelle von Kg8–h8 geschehen, was aber keine nennenswerte Differenz darstellt. Bei Weiß sind die Unterschiede schon größer; und es läßt sich feststellen, daß Kindermann die Spielweise Petrosjans wohl etwas verbessert haben dürfte. Petrosjan mußte einen Tempoverlust bei der Entwicklung seines hellen Läufers über e2 nach d3 in Kauf nehmen und stellt noch dazu den dunkelfeldrigen Läufer nach d2, also auf die gleiche Linie, was die Nutzung der d-Linie für die Türme erheblich behindert und verzögert.
Kindermann vermeidet den erwähnten Tempoverlust und spielt als Ersatzzüge b3 und La3, was sowohl dem Läufer mehr Ausblick gibt (nach d6) als auch das Turmpaar leichter zur Geltung kommen läßt.

Resümierend läßt sich wohl sagen, daß die Stellung zwar weiße Initiativmöglichkeiten birgt, aber wohl noch im Gleichgewicht ist.

5 Die vorher angedeutete Turmverdoppelung auf d zeichnet sich ab.

6 Schwarz sucht krampfhaft nach Gegenspiel und fesselt erst mal den weißen c4-Springer.

7 Die schwarze Position mutet schon sehr seltsam an, doch läßt sich momentan noch alles hinreichend verteidigen und Passivität allein ist noch nichts, was zum Verlust führen muß.

8 Weiß sieht kein Weiterkommen und laviert ohne konkreten Plan.

9 Dazu sollte sich Schwarz nun doch nicht hinreißen lassen. Zwar gibt es gewisse Gründe für diese Verfahrensweise, doch überwiegt der Nachteil der potentiell schwachen Felder f5 und h5.

10 Kindermann, der sich ja inzwischen verdientermaßen den internationalen Meistertitel erkämpft hat, war schon 1978 ein strategisch versierter Spieler. Von g3 aus will er den Springer auf die schwachen schwarzen Punkte h5 und f5 drücken lassen.

11 Um nicht an den Felderschwächen langsam zu Grunde zu gehen, sucht Schwarz verwegen das taktische Handgemenge.

12 Der Gesamtkomplex der möglichen Abwicklungen ist schier unüberschaubar, und die Bedenkzeit wird schon langsam knapp. Das schwache Feld c7 wird fürs erste mal attackiert.

13 Nur so.

14 Um sich des starken weißen Läuferpaares zu entledigen, und um das Stellungsgleichgewicht zu wahren.

15 Schwarz behält sein Läuferpaar und will auch seine Bauernstruktur nicht schwächen.

16 Erzwingt den Damentausch und führt ein schwieriges Endspiel herbei, welches von den Spielern als in etwa gleichwertig beurteilt und Remis gegeben wurde.

Partie Nr. 18a

Vergleichspartie zu Nr. 18
Kindermann – Feustel

Robatsch-Verteidigung

Weiß: Petrosjan
Schwarz: Spasskij

Weltmeisterschaftskampf 1966, Moskau

1.	d2–d4	g7–g6
2.	e2–e4	Lf8–g7
3.	Sg1–f3	d7–d6
4.	Lf1–e2	e7–e6
5.	c2–c3	Sb8–d7
6.	0–0	Sg8–e7
7.	Sb1–d2	b7–b6
8.	a2–a4	a7–a6
9.	Tf1–e1	Lc8–b7
10.	Le2–d3	0–0
11.	Sd2–c4	Dd8–e8
12.	Lc1–d2	f7–f6
13.	Dd1–e2	Kg8–h8

nach dem 13. Zug von Schwarz

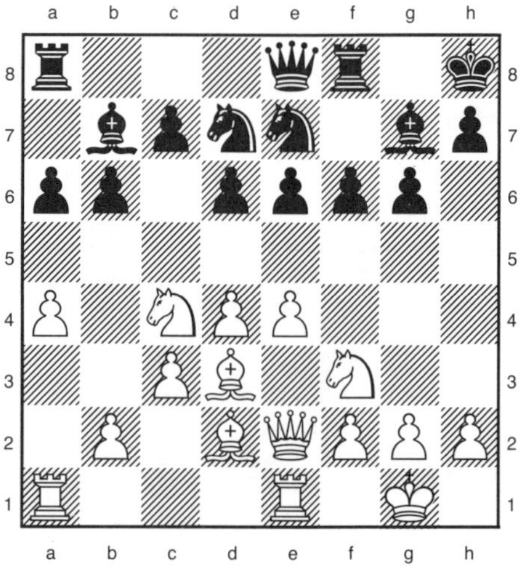

14.	Kg1–h1	De8–f7
15.	Sf3–g1	e6–e5
16.	d4xe5	f6xe5
17.	f2–f3	Sd7–c5
18.	Sc4–e3	Df7–e8
19.	Ld3–c2	a6–a5
20.	Sg1–h3	Lb7–c8
21.	Sh3–f2	Lc8–e6
22.	De2–d1	De8–f7
23.	Ta1–a3	Le6–d7
24.	Sf2–d3	Sc5xd3
25.	Lc2xd3	Lg7–h6
26.	Ld3–c4	Df7–g7
27.	Te1–e2	Se7–g8
28.	Lc4xg8	Tf8xg8
29.	Se3–d5	Lh6xd2
30.	Te2xd2	Ld7–e6
31.	b2–b4	Dg7–f7
32.	Dd1–e2	Ta8–a7
33.	Ta3–a1	Tg8–f8
34.	b4–b5	Ta7–a8
35.	De2–e3	Ta8–b8
36.	Ta1–f1	Df7–g7
37.	De3–d3	Tf8–f7
38.	Kh1–g1	Tb8–f8
39.	Sd5–e3	g6–g5
40.	Td2–f2	h7–h5
41.	c3–c4	Dg7–g6
42.	Se3–d5	Tf8–g8
43.	Dd3–e3	Kh8–h7
44.	De3–d2	Tg8–g7
45.	Dd2–e3	Kh7–g8
46.	Tf2–d2	Kg8–h7
47.	Td2–f2	Tf7–f8
48.	De3–d2	Tg7–f7
49.	Dd2–e3	

Remis

Bernd Feustel bei einer Partie-Kommentierung Foto: Böhner

Partienvergleich Nr. 18/Nr. 18a

Die im Sommer 1978 gespielte Partie Kindermann – Feustel (Nr. 18) zeichnete sich durch die in der Robatsch-Verteidigung sonst ungewöhnlichen und deshalb besonders auffälligen Züge: 9. Sc4 und 12. – f6 aus. Die Eigentümlichkeit der Stellungsstruktur und der ungewöhnliche Kampfverlauf (volles Brett ohne Tausch bis zum 24. Zug) blieben mir in guter Erinnerung, und um so größer war mein Erstaunen, als ich – in Vorbereitung auf die Bundesligabegegnung Solingen – Erlangen – querfeldein Spasskij-Partien durchforstete und dabei auch die Weltmeisterschafts-Matchpartie Petrosjan – Spasskij von 1966 in die Hände bekam. Freilich war ob der Ähnlichkeiten meine Neugierde geweckt, und ich suchte strukturelle Gemeinsamkeiten ebenso wie Unterschiede zu ermitteln.
Den höchsten Grad an Gemeinsamkeit erreichte die Partie nach dem 13. Zug (vergl. Diagramme!). Beide Partien weisen neben dem gleichen Resultat (jeweils Remis) noch folgende Struktur-Analogien auf:

Partien- und Zugnummer

1. Sc4 geschieht und drückt gegen die Zentralfelder e5, d6.	18	9.	18a	11.
2. Der schwarze Zug f6 verhindert den weißen Bauernvorstoß e4–e5, bzw. bereitet den schwarzen Bauernzug: e6–e5 vor.	18 18	12. 15.	18a 18a	12. 15.
3. Im Partieverlauf pendelt der Fianchetto-Läufer b7 mit der Eventualabsicht auf den Diagonalen c8/h3, b7/e4, a6/d3 je nach Bedarf Wirkung zu entfalten.	18	17.+19.	18a	20.
4. Im Partieverlauf pendelt die schwarze Dame zwischen den Feldern f7 und e8.	18	20.+21.	18a	14. 18. 22.
Weiß stößt im Partieverlauf mit seinem Springer nach d5 vor, von wo aus Bauer c7 bedroht wird. Der Drohung kann Schwarz mittels Ta7, einem originellen Deckungszug, begegnen.	18 18	26. 26.	18a 18a	29. 32.
6. Das Spielgeschehen beweist, daß keine klar faßbaren Schwachpunkte in dem schwarzen Stellungsgefüge auftreten und daß Weiß mehr oder weniger zum tatenlosen Herumlavieren verleitet wird.				

Die Unterschiede sind freilich noch vielfältiger und können vom Leser ohne weiteres selbst aufgefunden werden.
Resümee: Ungewöhnliche Stellungsbilder stellen an die Spieler außergewöhnliche Anforderungen – selbst ein Weltmeisterschaftsherausforderer setzt sein Vertrauen in die Robatsch-Verteidigung!

Zu den Partiebeispielen Robatsch-Verteidigung

Nr. 19–32

Die Partie Nr. 19 (Wolf – Feustel) zeigt, wie man mit der Robatsch-Verteidigung eine Partie hinhaltend anlegen kann. Fast 30 Züge geschehen bei vollem Brett, ohne daß ein allzu verpflichtender Zug dabei wäre.

Die Partie Nr. 20 (Westermeier – Feustel) ist eine dramatische Remispartie aus der Bayerischen Meisterschaft, Meisterklasse I, in Passau.

Aus Partie Nr. 21 (Dzinzichashvili – Feustel) kann man nur lernen, wie man das Robatsch-System mit Schwarz nicht spielen darf.

In Partie Nr. 22 (Bauer – Feustel) erlebt man die Entstehung eines neuen Planes in der Robatsch-Verteidigung: der Zug f7–f5 ohne vorhergehende Zentrumsklärung.

Die Partien Nr. 23 (Mohrlok – Feustel) und 24 (Ostermeyer – Feustel) stehen hinsichtlich des Motivs Bauernzug f5 in unmittelbarer Abhängigkeit von der vorausgegangenen Nr. 22. In ihnen soll der neu entdeckte Zug gegen namhafte Gegner einer Feuertaufe unterzogen werden.

Die Partien Nr. 25 (Hertzog–Feustel) und Nr. 26 (Breyther–Feustel) stammen wie schon die Nr. 24 aus der NDEM 1980 und zeigen das zufriedenstellende Funktionieren des schwarzen Eröffnungs-Repertoires auch gegen vorbereitete Gegner.
(Bei der NDEM 1980 4 Punkte aus 6 Schwarzpartien!) = 66,6%.

Die Partie Nr. 27 (Arnold–Feustel) greift erneut den Zug f7–f5 auf, gewinnt aber durch das Läufermanöver: Lg7 x d4 – a7 als weitere Musterpartie an eigenständiger Bedeutung.

Die Partie Nr. 28 (Treppner–Feustel) vom Januar 1981 stand als Treffen zweier langjähriger Vereinskollegen unter besonderen Vorzeichen und brachte nach langem Lavieren einen hübschen Einschlag im 40. Zug.

Die Partie Nr. 29 (Soos–Feustel) ist Durchschnittsware aus der Bundesliga. Durch den relativ seltenen, hier aber äußerst chancenreichen schwarzen Bauernvorstoß b5 bekommt die Partie ihr eigenes Gepräge.

Die Partie Nr. 30 (Nautsch–Feustel) zeigt, wie schnell Schwarz aus einem scheinbar passiven Aufbau heraus durch einige energische Züge bei ungenügender Achtsamkeit des Gegners zu einem unwiderstehlichen Angriff gelangen kann.

Die Partie Nr. 31 (Ciocaltea–Feustel) und 32 (Torre–Feustel) aus dem Bochumer Großmeisterturnier 1981 sind aktuell und wurden bereits verschiedentlich publiziert. Es zeigt sich, daß auch renommierten Großmeistern die Bekämpfung der Robatsch-Varianten nicht leicht fällt...

Partie Nr. 19

Robatsch-Verteidigung

Weiß: Wolf
Schwarz: Feustel

August 1978 – Bad Königshofen

1.	e2–e4	g7–g6
2.	d2–d4	Lf8–g7
3.	Sg1–f3	d7–d6
4.	Sb1–c3	Sb8–d7
5.	Lf1–c4	e7–e6
6.	Lc1–g5	Sg8–e7
7.	Dd1–d2	h7–h6
8.	Lg5–f4	a7–a6
9.	a2–a4	b7–b6
10.	Ta1–d1	Lc8–b7
11.	h2–h3	Sd7–f6
12.	Dd2–e2	Sf6–d7
13.	De2–d2	Sd7–f6
14.	Dd2–e2	0–0
15.	0–0	Dd8–e8
16.	Lf4–g3	Sf6–d7
17.	Tf1–e1	Kg8–h7
18.	Lc4–b3	Ta8–c8
19.	Lb3–c4	Tc8–a8
20.	Lc4–b3	Ta8–d8
21.	Lb3–c4	Sd7–b8
22.	Lc4–b3	Sb8–d7
23.	Lb3–c4	Sd7–b8
24.	Lc4–b3	De8–d7
25.	Lb3–c4	Dd7–c8
26.	Lg3–h4	Td8–e8
27.	Lc4–d3	Sb8–d7
28.	Sc3–b1	e6–e5
29.	d4xe5	d6xe5
30.	Ld3–c4	Sd7–c5
31.	Sb1–c3	f7–f5
32.	Lh4xe7	Te8xe7
33.	Sc3–d5	Lb7xd5
34.	Lc4xd5	c7–c6
35.	Ld5–c4	f5xe4
36.	Sf3–h2	a6–a5
37.	Td1–d6	Tf8–d8
38.	Te1–d1	Te7–d7
39.	Td6xd7	Td8xd7
40.	Td1xd7	Dc8xd7
41.	b2–b3	h6–h5
42.	Sh2–f1	Lg7–h6
43.	Kg1–h2	Dd7–d4
44.	Kh2–g1	Kh7–g7
45.	Kg1–h1	Lh6–g5
46.	Kh1–g1	Dd4–c3
47.	Kg1–h1	Dc3–a1
48.	Kh1–g1	Da1–d4
49.	Kg1–h1	Sc5–b7
50.	c2–c3	Dd4–c5
51.	Sf1–g3	Sb7–d6
52.	Sg3xe4	Sd6xe4
53.	De2xe4	Dc5xf2
54.	De4xe5+	Lg5–f6
55.	De5–e2	Df2xe2
56.	Lc4xe2	Lf6xc3
57.	Le2–f3	c6–c5
58.	Kh1–g1	

Remis

nach dem 28. Zug von Weiß

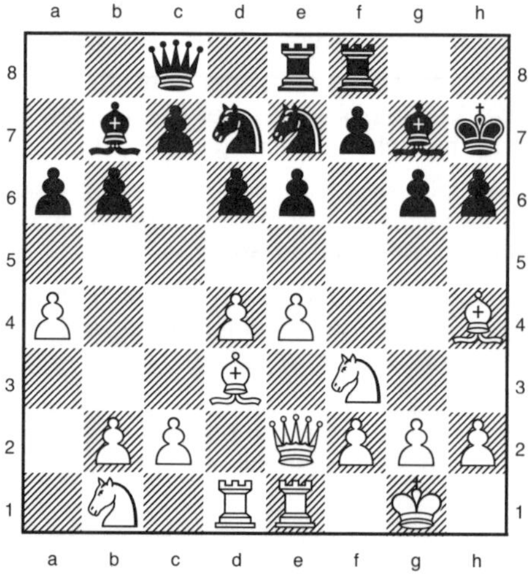

Partie Nr. 20

Robatsch-Verteidigung

Weiß: Westermeier
Schwarz: Feustel

4. August 1979 – Passau

1.	e2–e4	g7–g6
2.	d2–d4	Lf8–g7
3.	Sb1–c3	d7–d6
4.	Sg1–f3	Sb8–d7
5.	Lc1–f4	e7–e6
6.	Dd1–d2	h7–h6
7.	h2–h3	a7–a6
8.	0–0–0	b7–b5
9.	a2–a3	Sg8–e7
10.	g2–g4	Ta8–b8[1]
11.	Lf4–e3	Lc8–b7
12.	d4–d5	e6–e5
13.	Sf3–g1	Se7–c8[2]
14.	Sg1–e2[3]	c7–c5[4]
15.	d5xc6ep.	Lb7xc6
16.	Se2–g3	a6–a5
17.	h3–h4	b5–b4
18.	Sc3–b1	Dd8–c7
19.	Lf1–a6[5]	Lc6–a4
20.	a3xb4	a5xb4
21.	Dd2–e2[6]	Sc8–b6
22.	h4–h5	Sd7–c5
23.	La6–b5+	Sb6–d7
24.	Lb5xa4	Sc5xa4
25.	h5xg6	f7xg6
26.	Sb1–d2	d6–d5[7]
27.	e4xd5	Sa4xb2[8]
28.	De2–a6[9]	0–0[10]
29.	Kc1xb2	e5–e4+
30.	Kb2–c1	Tf8–c8
31.	Da6–c6	Dc7–a5
32.	Dc6–e6+[11]	Kg8–f8
33.	De6–d6+	Kf8–g8
34.	Dd6–e6+	Kg8–f8
35.	De6–d6+	Kf8–g8

Remis

Kommentare:

1 Die Fronten sind geklärt. Während Weiß lang rochiert hat, läßt sich Schwarz noch Zeit mit der Rochade und will seine Karten noch nicht aufdecken.

2 Der Springer deckt auf c8 den Bauern d6 und ermöglicht somit das Vorgehen c7–c5.

3 Scheinbar ein Tempoverlust durch die zusätzlichen Springerzüge, in Wirklichkeit aber mit wohlerwogener Absicht.

4 Kampf um die Initiative.

5 Dies soll die Fundamente des Punktes d6 (Springerdeckung c8) ins Wanken bringen.

6 schafft Platz auf d2 und droht c-Linienblockade auf c4 an.

7 Der g7-Läufer möchte gerne mitreden und so soll ihm die Diagonale aufgesprengt werden.

8 Opfer auf Risiko.

9 Ein unerwarteter, aber äußerst cleverer Zug mit vielfältigen Absichten. Druck gegen g6, e6, Eventualblockade auf c6 usw.

10 Spät kommt sie, doch sie kommt. In 95% der demonstrierten schwarzen Robatsch-Partien spielt der Nachziehende die kurze Rochade, wenngleich oft mit Verzögerung.

11 Den folgenden Zugwiederholungen kann Schwarz nicht entweichen
Kh8 bzw. Kh7 verlieren wegen Th6:+ und dann je nach dem
(auf Kh7) Df7+ nebst Ld4+
oder Th1+ bzw.
(auf Kh8) Ld4+ nebst Df7+
oder Th1+.
Aber auch Weiß, obwohl er es könnte, versucht nicht der Zugwiederholung zu entgehen.

Partie Nr. 21

Robatsch-Verteidigung

Weiß: IGM Dzindzichashvili
Schwarz: Feustel

August 1979 – Maintal-Open

1.	d2–d4	g7–g6
2.	e2–e4	Lf8–g7
3.	Sg1–f3	d7–d6
4.	Lf1–c4	e7–e6[1]
5.	0–0	a7–a6

6.	a2–a4	b7–b6
7.	Dd1–e2	Sb8–d7
8.	Lc1–g5	Sg8–e7
9.	Sb1–d2	h7–h6
10.	Lg5–e3	Lc8–b7
11.	Lc4–d3	0–0
12.	Tf1–e1[2]	e6–e5[3]

Stellung nach dem 12. Zug von Weiß:

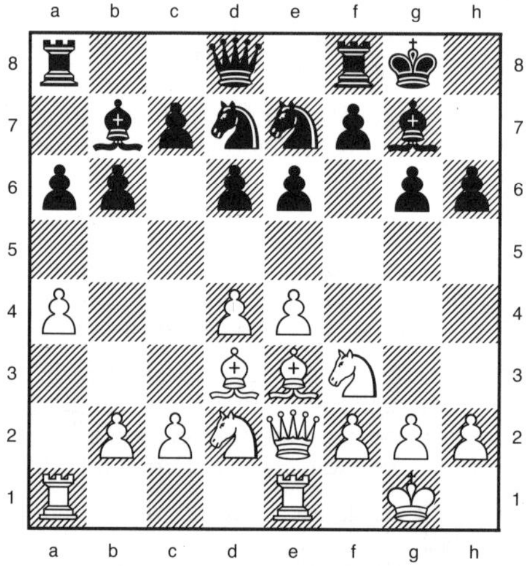

13.	d4xe5	d6xe5
14.	Ld3–c4	Kg8–h8[4]
15.	Sd2–f1	f7–f5[5]

Stellung nach dem 15. Zug von Schwarz:

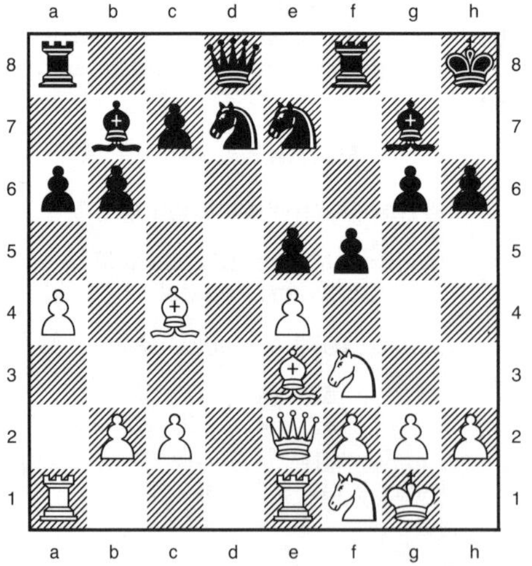

16.	Ta1–d1[6]	Dd8–e8?[7]
17.	De2–d2[8]	Sd7–f6[9]
18.	Le3xh6	Sf6xe4
19.	Lh6xg7+	Kh8xg7
20.	Dd2–d7[10]	De8xd7
21.	Td1xd7	Kg7–f6
22.	Td7xc7	Lb7–c6
23.	Sf3xe5	Lc6xa4
24.	Tc7xe7	Kf6xe7
25.	Se5xg6+	Ke7–f6
26.	Sg6xf8	Ta8xf8
27.	f2–f3	Se4–c5
28.	b2–b4	Sc5–d7
29.	Te1–e6+	Kf6–g5
30.	f3–f4+	Kg5xf4
31.	g2–g3+	Kf4–g5
32.	h2–h4+	Kg5–g4
33.	Kg1–g2	f5–f4
34.	Sf1–h2+	Kg4–f5
35.	g3–g4 matt	

1 : 0

Kommentare:

1 Ein Fingerfehler wie z. B. 4. – Sd7 anstelle von 4. – e6 würde hier schlimme Folgen nach sich ziehen:
5. Lf7:+ Kf7:
6. Sg5+ /+–/

2 Räumt dem Springer das Feld f1 zu dessen Überführung an den Königsflügel.

3 Dies ist mitunter systemgerecht und braucht nicht getadelt zu werden.

4 Hier beginnt Schwarz mit unerklärlichen Fehlzügen. Der König soll zwar aus der Diagonale c4–g8 mittelfristig wegziehen, doch war dem keine Eile und wenn schon der König auswandern soll, so doch wenigstens nach h7, wo ihm die Deckungsfunktion für das Feld h6 zufällt.

5 Nach dem schwachen 14. Zug ist Schwarz auch hiermit wiederum nicht gut beraten. Mittels Se7–c8–d6 sollte die d-Linie verriegelt werden und dann kann Schwarz beruhigt in die Zukunft sehen. Die Felderschwäche e6 soll man so leichtfertig zumindest nicht in Kauf nehmen.

6 Weiß spielt auf die offene Linie und tut gut daran.

7 Das verliert jetzt schon zwingend, aber nach den letzten beiden Zügen ist Schwarz wohl von allen guten Geistern verlassen und unterliegt im folgenden fast widerstandslos.

8 Bedroht d7 und h6, was nicht beides gleichzeitig gedeckt werden kann.

9 Jetzt war es schon zu spät noch etwas zu retten. Weiß dominiert auf der d-Linie und die schwarzen Felderschwächen sind unheilverheißend.

10 Nach diesem Zug erübrigen sich weitere Kommentare. Schwarz könnte bereits hier aufgeben und spielt nur noch aus Verzweiflung zu Ende.

Diese Partie zeigt ganz deutlich, wie man die Robatsch-Variante nicht behandeln darf.

Partie Nr. 22

Robatsch-Verteidigung

Weiß: Bauer E.
Schwarz: Feustel

9. 12. 1979 – Bundesliga

1.	e2–e4	g7–g6
2.	d2–d4	Lf8–g7
3.	Sg1–f3	d7–d6
4.	Lf1–c4	e7–e6
5.	Lc4–b3	a7–a6
6.	0–0	Sb8–d7
7.	Lc1–g5	Sg8–e7
8.	Dd1–d2	h7–h6
9.	Lg5–e3	b7–b6
10.	c2–c4	Lc8–b7
11.	Sb1–c3	f7–f5[1]
12.	Dd2–c2[2]	c7–c5[3]
13.	Ta1–d1[4]	Dd8–c7[5]
14.	Lb3–a4[6]	Ta8–d8[7]
15.	d4–d5[8]	e6–e5
16.	e4xf5[9]	g6xf5
17.	Sf3–h4[10]	0–0[11]
18.	Le3–c1[12]	Lb7–c8[13]
19.	f2–f4[14]	e5–e4[15]
20.	g2–g4[16]	Sd7–f6[17]
21.	g4xf5	Se7xf5
22.	Sh4xf5[18]	Lc8xf5
23.	Kg1–h1[19]	Dc7–f7[20]
24.	Td1–e1[21]	Df7–h5
25.	Te1–e3	Kg8–h8
26.	Dc2–g2	Sf6–g4[22]
27.	Te3–g3[23]	Lg7xc3[24]
28.	Tg3xc3[25]	e4–e3[26]
29.	La4–c2	Sg4–f2+[27]
30.	Tf1xf2	e3xf2
31.	Dg2xf2	Td8–e8
32.	Lc1–d2	Lf5xc2
33.	Tc3–g3[28]	Dh5–d1+
34.	Tg3–g1	Lc2–e4+

0 : 1

Kommentare:

1 Mein erster Versuch mit dem Zug f5 im Robatsch-System in einer wichtigen Wettkampfpartie.
Wegen der Sorge um das Schwache Feld e6 ist der Zug wohl strategisch gesehen zu tadeln, doch gibt der Überraschungs-Effekt verbunden mit der Chance taktische Verwicklungen zu schaffen, ihm in der konkreten Situation seine Berechtigung.

2 Schon reagiert Weiß ungenau. Die Deckung des Feldes e4 ist zwar damit gewährleistet, doch gab es für Weiß sicher aktivere Möglichkeiten.

3 Dies verhindert, daß Weiß selbst zu c5 kommen kann und übt Druck auf das Zentrum aus. Es scheint zwar etwas bedenklich, daß Schwarz jetzt immense Zentralfelderschwächen bekommen könnte, jedoch ist die weiße Figuren-Konstellation nicht gerade dazu geeignet, diese Schwächen nachzuweisen.

4 Dieser Zentralisierungszug ist naheliegend, jedoch vielleicht nicht energisch genug.

5 Entzieht sich der Fernopposition des weißen d-Turms und überdeckt verschiedene Felder.

6 Diagonaldrohung gegen d7.

7 Erforderliche Überdeckung von d7.

8 Zentralabschließung kann nur dem Nachziehenden dienlich sein.

9 Jetzt sind die Fronten geklärt und die resultierende Stellungsstruktur wird erkennbar. Das Stellungsgleichgewicht bleibt erhalten.

10 Druckspiel gegen f5.

11 Erforderlich und plangemäß.

12 Wiederum ein sehr bescheidener und inkonsequent anmutender Zug des Weißen. Warum nicht gleich f4.

13 Auf b7 hat dieser Läufer keine Zukunft und deshalb sucht er eine andere Wirkungsdiagonale.

14 Das sah im 18. Zug stärker aus. Jetzt wurde dem Nachziehenden ein wichtiges zusätzliches Tempo überlassen und der weiße Plan ist nicht mehr zielführend.

15 Schwarz will einen Freibauern im Zentrum etablieren, dessen erstaunliche Fähigkeiten im weiteren Partieverlauf noch zu Tage treten werden.

16 Aktivitätsdrang!
Vielleicht gab es in g3 nebst Sg2 eine erwägenswerte Alternative.

17 Verschafft den schwarzen Damenflügelfiguren Zutritt zum eigentlichen Ort des Geschehens. Lc8 deckt jetzt f5.

18 Die Idee Sg6 ist zwar nicht von der Hand zu weisen, dürfte aber auch nicht mehr versprechen.

19 Felderräumung und Wegzug aus der bedrohten g-Linie.

20 Alles wird schleunigst auf den Königsflügel überführt, wo sich die entscheidenden Aktionen abspielen werden.

21 Weiß operiert etwas schwerfällig und ist zudem vom schwarzen e4-Bauern in seiner Beweglichkeit gehindert.

22 Die Initiative ist schon voll und ganz an den Nachziehenden übergegangen und dieser bestimmt den weiteren Kampfverlauf.

23 Auf 27. Th3 hätte Sf2+ bereits die Qualität gewonnen.

24 Schwarz entledigt sich dieses störenden Springers, um danach die Kraft des e-Bauern voll entfalten zu können.

25 Das führt den wichtigen Verteidigungs-Turm von der Königsseite weg, doch war auch mittels bc3: nichts mehr zu retten, wie z. B. aus folgender Überlegung ersichtlich ist:
28. – e3 droht
29. – Le4, falls
29. Ld1 kann Schwarz trotzdem mit Le4
30. Lf3 Txf4 den Gewinn forcieren.

26 Droht gleich Mehrfaches Sf2+/ Le4

27 Weiß muß die Qualität geben.

28 Die letzte Hoffnung auf Gegenspiel, doch zu spät.

Partie Nr. 23

Robatsch-Verteidigung

Weiß: IM Mohrlock
Schwarz: Feustel

29. 12. 1979 – Stuttgart

1.	e2–e4	g7–g6
2.	d2–d4	Lf8–g7
3.	c2–c3	d7–d6
4.	Sg1–f3	Sb8–d7
5.	Lf1–d3	a7–a6
6.	0–0	e7–e6
7.	Lc1–g5	Sg8–e7
8.	Dd1–d2	h7–h6
9.	Lg5–e3	b7–b6
10.	c3–c4[1]	Lc8–b7
11.	Sb1–c3	f7–f5[2]
12.	Ta1–d1	Sd7–f6
13.	Dd2–c2	Dd8–d7

14.	Le3–c1[3]	0–0
15.	Tf1–e1	Ta8–e8
16.	b2–b4	Se7–c6
17.	Dc2–b3	Sf6–g4[4]

Stellung nach dem 17. Zug von Schwarz:

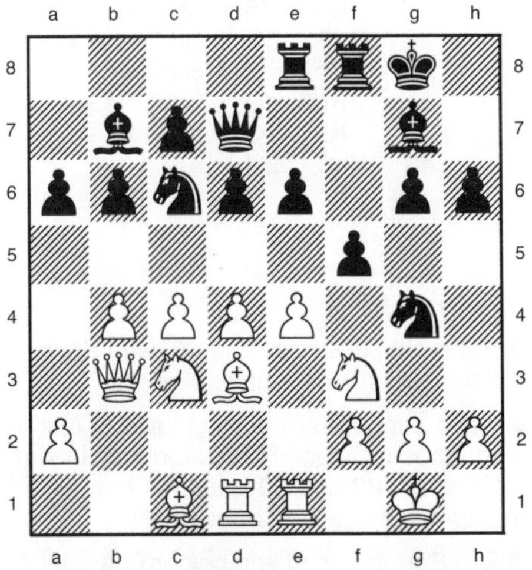

18.	Ld3–b1	Dd7–f7[5]
19.	e4xf5	e6xf5
20.	Sc3–e2[6]	Te8–e7
21.	d4–d5[7]	Sc6–e5
22.	Sf3xe5	Sg4xe5
23.	Se2–f4	Tf8–e8[8]
24.	Lc1–d2	b6–b5[9]
25.	c4xb5	a6xb5
26.	Lb1–d3	Se5xd3
27.	Db3xd3	Lg7–e5[10]
28.	Sf4–e6	Lb7xd5[11]
29.	Dd3xd5	Df7xe6
30.	Dd5xb5	De6xa2
31.	g2–g3[12]	Kg8–h7
32.	Te1–e2	Da2–f7
33.	Td1–e1	Le5–f6
34.	Db5xe8[13]	Df7xe8

0 : 1

Kommentare:

1 Dies ist ein weiteres Eingeständnis eines Tempoverlustes; denn die jetzt nach dem zehnten Zug erreichte Position könnte der Weiße bereits nach acht Zügen aufgebaut haben und dabei auf die unnötigen Einschübe

3. c3 bzw.
7. Lg5 verzichten.

Diese Inkonsequenz des Anziehenden gibt dem Schwarzen Mut zum Risiko.

2 Dieser f-Bauernzug steht in unmittelbarer Abhängigkeit von Partie Nr. 22, in der wenige Wochen zuvor der Schwarze denselben Motivzug mit Erfolg erprobt und damit sogar gewonnen hat. Gegen einen Titelträger ebenso stürmisch zu Felde zu ziehen, bedurfte freilich erst einiger Selbstüberwindung.

3 Weiß behandelt den Stellungstypus viel zu zurückhaltend und abwartend. Die Initiative geht immer mehr an Schwarz über und dies allein beweist schon genug.

4 Schon hat Schwarz handfeste Drohungen gegen f2 und d4 auf Lager, denen Beachtung geschenkt werden muß. Nach 18. h3 hätte der Nachziehende ein dubioses Figurenopfer auf f2 gebracht, das geeignet gewesen wäre das Brett in Flammen zu setzen.

18. h3 Sd4:
19. Sd4: Sf2:

mit mannigfaltigen Möglichkeiten. Weiß bemerkt jedoch die Gefahr rechtzeitig und überdeckt d4 zur Sicherheit.

5 Der Damenzug nach f7 entsprach den Erfordernissen der Stellung. Alles ist noch im Gleichgewicht und die Chancen sind verteilt.

6 Figurenumgruppierung.

7 Schafft ein Vorpostenfeld auf e6, auf welches weiße Figuren im späteren Partieverlauf unheilbringend vordringen sollen.

8 Turmverdoppelung auf der offenen Linie.

9 Unterminiert die weiße Bauernphalanx c4, d5.

10 Schwarz vertraut auf die Kraft des Läuferpaars.

11 Aus der folgenden Abwicklung geht der Nachziehende zwar mit einem Plusbauern hervor, doch sollte das allein noch nicht die Partie entscheiden.

12 Um kein unliebsames Abzugschach auf h2 zu erleiden, sperrt Weiß die Diagonale e5–h2 vorsichtshalber ab.

13 Ein Blackout in Zeitnot. Trotz eines Minusbauern konnte Weiß bei exaktem Spiel noch hoffen.

Partie Nr. 24

Robatsch-Verteidigung

Weiß: FM Dr. Ostermeyer
Schwarz: Feustel

26. Mai 1980
NDEM Bad Neuenahr/Ahrweiler

1.	e2–e4	g7–g6
2.	d2–d4	Lf8–g7
3.	Sg1–f3	d7–d6
4.	Sb1–c3	Sb8–d7
5.	Lf1–e2	a7–a6
6.	a2–a4	e7–e6
7.	Lc1–e3	Sg8–e7
8.	Dd1–d2	h7–h6
9.	h2–h4	b7–b6
10.	Sf3–h2[1]	Lc8–b7
11.	Sh2–f1	f7–f5[2]
12.	f2–f3	Sd7–f6[3]
13.	Dd2–d3	Dd8–d7
14.	Sf1–d2	Se7–c6[4]
15.	Sc3–a2[5]	Sf6–h5[6]
16.	Sd2–f1	0–0
17.	e4xf5	e6xf5[7]
18.	0–0–0[8]	Ta8–e8
19.	g2–g4[9]	f5xg4[10]
20.	Dd3xg6[11]	Te8xe3[12]
21.	Sf1xe3[13]	Sh5–f4[14]
22.	Le2–c4+	d6–d5
23.	Se3xd5	Sf4xd5[15]
24.	Dg6xg4	Tf8–f7[16]
25.	Sa2–c3[17]	Sc6–a5[18]
26.	Lc4–a2	Sd5xc3[19]
27.	La2xf7+[20]	Dd7xf7
28.	b2xc3	Sa5–c4[21]
29.	Td1–e1	Lb7xf3[22]
30.	Dg4–c8+	Kg8–h7
31.	Th1–g1	h6–h5[23]
32.	Dc8–e6	Df7–f4+[24]
33.	Kc1–b1	Sc4–d2+[25]
34.	Kb1–b2	Lf3–g4[26]
35.	De6–d5	Df4–f3
36.	Dd5–g5[27]	Sd2–c4+
37.	Kb2–b3	Sc4–a5+
38.	Kb3–b2	Sa5–c4+
39.	Kb2–b3	Sc4–a5+
40.	Kb3–b2[28]	

Remis

Kommentare:

1 Ein recht seltsamer Zug, dessen Absichten mir zuerst völlig unklar blieben.

2 Nach der guten Erfahrung, die der Nachziehende mit diesem f-Bauernzug in den Partien Nr. 22 und 23 gemacht hat, will er ihn auch diesmal ausprobieren.

3 Der Springer wird von seinem Bereitstellungsfeld d7 auf das Einsatzfeld f6 gezogen, um auf e4 Druck auszuüben und mit der Nebenabsicht, das Feld h5 zu überwachen.

4 Das schwarze Spiel wirkt harmonischer und die Drohung Sb4 zwingt Weiß schon zu weiteren Kunststücken.

5 Der Anziehende hat deutliche Schwierigkeiten und muß jetzt schon den sechsten Springerzug ausführen.

6 Druckspiel gegen g3 und f4, sowie Demaskierung des g7-Läufers. Nichtsdestoweniger erweist sich diese Randposition des Springers auch als Gefahrenmoment.

7 Ursprünglich hatte ich sogar 17. – Tf5: erwogen mit z. B. der Eventualfolge
18. g4 Sf4
19. Lf4: Tf4:
20. Dg6: Sd4:
Letztendlich war ich von dieser Idee wieder abgekommen, weil Weiß ja ganz einfach 18. Dd2 entgegnen könnte und sich dann das Spiel des Nachziehenden als äußerst unbequem erweist.

8 Der König will aus der Brettmitte flüchten und sich am Damenflügel zur Ruhe setzen.

9 Ein sehr energisches und konsequentes Vorgehen, das durch die schwarze Randspringerposition erleichtert wird.

10 Der Schwarze muß den Fehdehandschuh aufnehmen und kann die Stellung vorerst gar nicht in ruhigere Bahnen lenken.

11 Mit Recht nimmt Weiß Abstand von der Fortsetzung 20. fg4:, wonach der Nachziehende die lange Diagonale erhielte.

12 Nach eingehender Prüfung aller Möglichkeiten entschloß ich mich zu diesem Hasardspiel.

13 Weiß sollte den äußerst interessanten Zwischenzug 21. Lc4+ erwägen, welcher Schwarz ernsthaft Kopfschmerzen bereitet hätte.

14 Jetzt gefällt es dem Nachziehenden wieder wesentlich besser. Der unglückliche Randspringer kann mit Doppelwirkung (bedroht g6 und e2) ins Gefecht eingreifen und die weißen Angriffschancen sind fürs erste gebannt.

15 Danach ergibt sich eine eigentümliche Verteilung des Materials. Weiß behält einen Turm und zwei Mehrbauern gegen zwei schwarze Leichtfiguren.

16 Überdeckt die Punkte d7 und g7.

17 Der entfernte Springer will jetzt wieder zur Geltung kommen und bedroht d5.

18 Ist zwar logisch und naheliegend, es konnte aber auch 25. – Sb4 erwogen werden.

19 Die weiße Bauernformation soll geschwächt werden und der Druck auf der Diagonale a2–d5–g8 beseitigt.

20 Natürlich nicht 27. Dd7:?? Sa2:+.

21 Die Materialverteilung wird immer ungleicher. Der weißen Dame stehen 2 Türme und 6 Bauern zur Seite, während der Schwarze neben Dame noch über 3 Leichtfiguren und 4 Bauern verfügt. Die Stellungsstruktur stellt höchste Anforderungen an die Präzision der Spielführung. Bei exakter Fortsetzung bleibt jedoch das Gleichgewicht erhalten.

22 Leider ist dem weißen König im Augenblick noch kein Beikommen und so macht sich Schwarz vorerst auf Bauernjagd.

23 Das Stützpunktfeld g4 wird für den Läufer installiert und die Schachdrohung Lh6 wird für die Zukunft auch mal vorbereitet.

24 Natürlich kein Damentausch.

25 Der Springer sucht bessere Felder.

26 g-Linien-Verstellung zum Schutz des schwarzen Monarchen.

27 Jetzt wiederum ist plötzlich Weiß nicht mehr am Damentausch interessiert und weicht nach g5 aus.

28 Remis durch Zugwiederholung.
Ein gerechtes Resultat einer gehaltvollen und ideenreichen Partie, die stets um die Remisbreite herum schwankte. Nicht immer wird genügend gewürdigt, daß auch eine ½ in der Turniertabelle aus einer niveauvollen Kampfpartie resultieren kann.

Partie Nr. 25

Robatsch-Verteidigung

Weiß: Hertzog
Schwarz: Feustel

28. 5. 1980
NDM Bad Neuenahr/Ahrweiler

1.	e2–e4	g7–g6
2.	d2–d4	Lf8–g7
3.	Sb1–c3	d7–d6
4.	Lf1–e2	Sb8–d7
5.	Lc1–e3	e7–e6
6.	Dd1–d2	h7–h6
7.	h2–h4[1]	Sg8–e7
8.	f2–f4[2]	h6–h5[3]
9.	Sg1–h3	d6–d5[4]
10.	f4–f5[5]	e6xf5[6]
11.	e4xd5[7]	Sd7–f6[8]

Stellung nach dem 9. Zug von Schwarz:

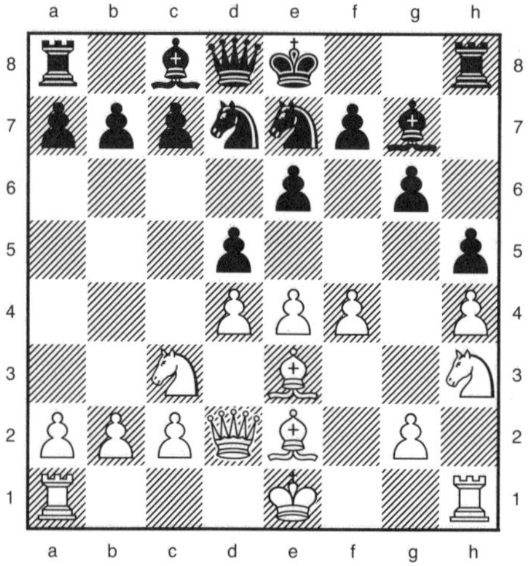

12.	Le2–b5+	Lc8–d7
13.	Lb5–c4	0–0[9]
14.	0–0–0[10]	b7–b5[11]

Stellung nach dem 14. Zug von Schwarz:

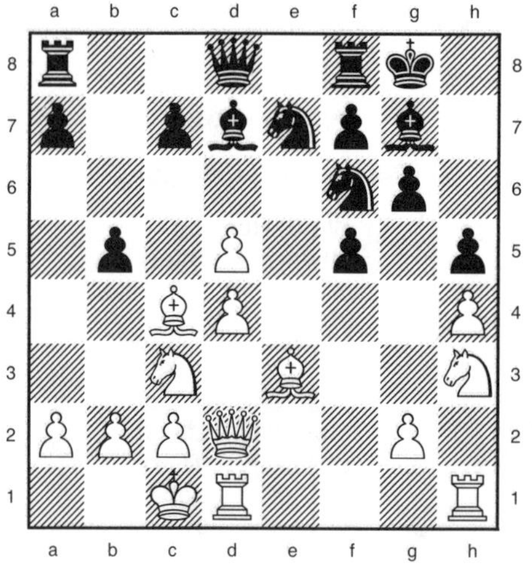

15.	Sc3xb5	Ld7xb5
16.	Lc4xb5	Sf6–e4[12]
17.	Dd2–d3	Se7xd5[13]
18.	Le3–d2	Ta8–b8[14]
19.	c2–c4[15]	Se4xd2[16]
20.	Td1xd2	a7–a6[17]
21.	c4xd5	Tb8xb5
22.	Sh3–f4[18]	Lg7–h6[19]
23.	Dd3–f3[20]	Tf8–e8[21]
24.	Kc1–b1	Te8–e4[22]
25.	g2–g3[23]	Lh6xf4
26.	g3xf4	Tb5xd5[24]
27.	Td2–c2	Td5xd4[25]
28.	Th1–c1	Te4xf4
29.	Df3–b7	Td4–d1
30.	Db7xa6	Tf4xh4
31.	a2–a4	Th4–h1
32.	a4–a5	h5–h4
33.	Da6–c6	Td1xc1+
34.	Tc2xc1	Dd8–d3+
35.	Kb1–a1	Dd3–e4[26]
36.	Dc6xc7	Th1xc1+
37.	Dc7xc1	De4–a4+
38.	Ka1–b1	Da4xa5
39.	Dc1–e3	Da5–a4
40.	Kb1–c1	Da4–e4
41.	De3–c3	f5–f4
42.	Dc3–c8+	Kg8–h7
43.	Dc8–g4	De4–e3+
44.	Kc1–d1	De3–d3+
45.	Kd1–c1	Dd3–g3
46.	Dg4–d7	Dg3–e1+
47.	Kc1–c2	De1–e6
48.	Dd7–d8	De6–c4+
49.	Kc2–b1	f4–f3
50.	Dd8–f6	Dc4–e4+
51.	Kb1–a1	Kh7–g8
52.	Df6–d8+	Kg8–g7

0 : 1

Kommentare:

1 Diesem energischen und kompromißlosen Zug muß Schwarz besondere Beachtung schenken. Bei verhaltenem und ängstlichem Spiel könnte der Nachziehende sonst schnell in arge Bedrängnis kommen.

2 Jetzt droht Weiß unmittelbar mit h4 – h5 vorzustoßen und das darf keinesfalls zugelassen werden.

3 Verhindert nicht nur den Weitermarsch des weißen h-Bauern, markiert auch das Feld g4 als potenzielle Schwäche.

4 Damit soll Weiß zu einer sofortigen Erklärung gezwungen werden. Der Zentrumsabriegelung 10. e5 könnte mit 10. – Sf5 entgegnet werden. Bei sofortigem Tausch auf d5 hat Schwarz ebenfalls nichts zu befürchten.

5 Damit überschätzt der Weiße seine Möglichkeiten gewaltig. Dieser kraftlose Bauernvorstoß kommt nur dem Verteidiger entgegen und war keinesfalls empfehlenswert.

6 Durch diesen Zug kommt Schwarz zu einem äußerst bequemen Spiel.

7 Die Alternative bestand insbesondere in 11. e5, wonach sich Schwarz mittels 11. – Sf8 nebst Se6 bombensicher stellt. Die Partiefolge ist aber ebenfalls für Weiß schon nachteilverheißend.

8 Wie soll jetzt der weiße Bauernblock d4–d5 überhaupt dauerhaft verteidigt werden? Es ist wohl klar, daß das Eröffnungsexperiment des Anziehenden total mißlungen ist.

9 Auf der kurzen Rochadeseite steht der schwarze Monarch unangreifbar und der Bauernwall h5–g6–f5–f7 vor ihm wird so schnell nicht zu durchbrechen sein.

10 Weniger komfortabel fühlt sich da schon sein weißer Antipode, dem der Damenflügel keinen dauerhaften Schutz verspricht. Doch was sollte Weiß sonst machen, im Zentrum will der König nicht bleiben und auf der geschwächten Königsseite kann er sich längerfristig auch nicht wohlfühlen.

11 Konsequent und stark. Der Angriff ist gegen die lange Rochadestellung und gegen die Zentralbauern d4–d5 gleichermaßen gerichtet.

12 Springt mit Tempogewinn ins Zentrum und besetzt das Idealfeld e4.

13 Auch der zweite Gaul will sich in der Brettmitte ein Betätigungsfeld suchen. Interessanterweise treten zehn Züge später die schwarzen Türme wirkungsvoll an die Stelle der jetzt zentralisierten Springer auf die Felder e4–d5. Während Schwarz die Brettmitte unangefochten beherrscht, finden die deplazierten weißen Figuren nie zu einem sinnvollen und harmonischen Zusammenspiel.

14 Offene Linie gegen den weißen König.

15 Weiß sucht verzweifelt nach Gegenchancen, die er aber nicht findet.

16 Die Schutzläufer des Weißen werden abgetauscht.

17 Erzwingt Linienöffnung.

18 Der Randspringer möchte gern mitspielen und versucht sich an der Deckung von d5.

19 Schwarz begibt sich mit dem Läufer auf die wirkungsvolle Diagonale h6–c1, was eine Figurenfesselung bewirkt.

20 Muß f4 schützen.

21 Zentrallinienstrategie.

22 Gegen den gefesselten Sf4 gerichtet.

23 Deckt f4, führt aber zur totalen Isolierung aller weißen Bauern.

24 Die Zentralfelder gibt Schwarz nicht mehr aus der Hand. Während im frühen Mittelspiel die Springer wirkungsvoll Gebrauch davon machten, ist jetzt das Turmpaar beim Übergang ins Schwerfigurenendspiel auf ihnen effektiv eingesetzt.

25 Mit zwei Mehrbauern sollte der Rest leicht verständlich sein. Die technische Umsetzung einer Gewinnstellung ist eine mühevolle und wenig spektakuläre Sache und soll im folgenden weitestgehend unkommentiert dargeboten werden.

26 Ein recht origineller taktischer Witz, der den schwarzen Gewinn beschleunigt.

Partie Nr. 26

Robatsch-Verteidigung

Weiß: Breyther
Schwarz: Feustel

3. 6. 1980
NDEM Bad Neuenahr/Ahrweiler

1.	e2–e4	g7–g6
2.	d2–d4	Lf8–g7
3.	Sb1–c3	d7–d6
4.	Sg1–f3	Sb8–d7
5.	Lf1–c4	e7–e6
6.	0–0	a7–a6
7.	a2–a4	b7–b6
8.	Tf1–e1	Sg8–e7
9.	Lc1–g5	h7–h6
10.	Lg5xe7[1]	Dd8xe7
11.	Sc3–d5[2]	De7–d8

Stellung nach dem 11. Zug von Weiß:

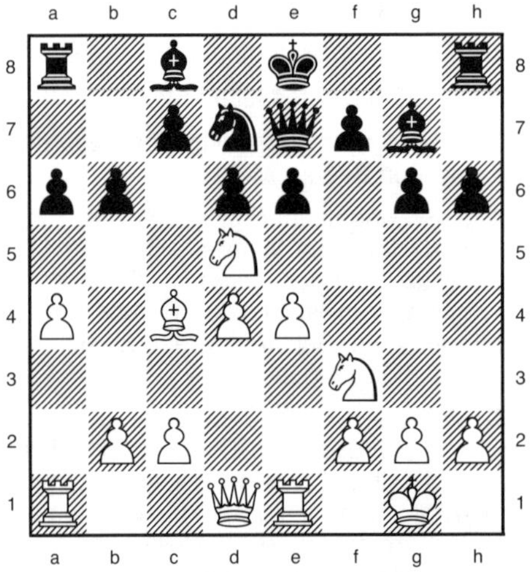

12.	Sd5–b4[3]	0–0
13.	d4–d5	e6–e5[4]
14.	Sb4–c6[5]	Dd8–f6[6]
15.	b2–b4	g6–g5[7]
16.	Sf3–d2[8]	Tf8–e8[9]
17.	Sd2–f1	Df6–g6
18.	Sf1–g3	Sd7–f6[10]
19.	Lc4–e2	g5–g4[11]
20.	f2–f3	h6–h5
21.	f3xg4	Sf6xg4
22.	Ta1–a3[12]	Lg7–h6[13]
23.	Le2–f3	Lh6–f4

Stellung nach dem 23. Zug von Schwarz:

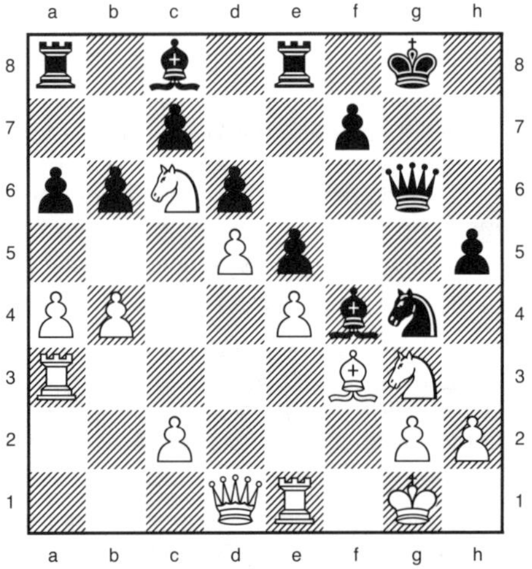

24.	Sg3–f1	Kg8–h7[14]
25.	Te1–e2[15]	f7–f5[16]
26.	Dd1–e1	Sg4–f6[17]
27.	Sf1–g3	Lf4xg3
28.	h2xg3	f5xe4
29.	Lf3xe4	Sf6xe4
30.	Te2xe4	Lc8–f5
31.	Te4–h4	Lf5–g4[18]
32.	Ta3–f3[19]	Lg4xf3
33.	g2xf3	Te8–g8[20]
34.	g3–g4	Tg8–g7
35.	Kg1–f1	Ta8–g8[21]
36.	De1–e3	Tg8–f8
37.	Th4xh5+	Kh7–g8
38.	Sc6–e7+?[22]	Tg7xe7
39.	Th5–g5	Tf8xf3+[23]

0 : 1

Kommentare:

1 Ob dies eine Augenblicksentscheidung am Brett war oder auf häuslicher Vorbereitung beruhte, kann ich natürlich nicht beurteilen. Zumindest ist es ein Ausnahmefall, wenn ein Spieler so frühzeitig freiwillig auf das Läuferpaar verzichtet.

2 Das Springeropfer auf d5 zum Zwecke der e-Linien-Öffnung ist ein altbekannter schachtaktischer Witz, der hier dem Nachziehenden aber wenig Kopfzerbrechen bereitet. Da die Annahme des Opfers forciert zum Nachteil führt, macht sich die schwarze Dame mürrisch auf den Heimweg.

3 Zielt auf das Vorpostenfeld c6.

4 Dieser Zentrumsabschluß klärt die Fronten.

5 Vielleicht hätte man es dem weißen Springer doch nicht erlauben sollen, sich so komfortabel auf c6 einzunisten, aber der Nachziehende will eben eigene Wege gehen.

6 Die Alternative war De8, um den f-Bauern nicht zu verstellen, aber die Ideen des Schwarzen gehen in eine andere Richtung und der f-Bauer spielt in den Plänen vorerst keine tragende Rolle.

7 Damit werden zwar die Felder h5 und f5 schwach, aber mit den jetzt folgenden Motiven war der Schwarze aus zahlreichen Blitzpartien schon hinlänglich vertraut.

8 Konsequente Umgruppierung zur Belagerung der schwarzen Felderschwächen.

9 Das Feld e7 muß geschützt werden, um dem weißen Springer das Eindringen zu verwehren, und um die Dame f6 beweglich zu machen.

10 Die beabsichtigte und logische Folge, um die Felder g4 und h5 unter Kontrolle zu bringen.

11 Alles dreht sich um die Beherrschung der kritischen Punkte am Königsflügel und dabei schaut der c6-Springer recht untätig zu.

12 Sehr clever und stark gespielt.

13 Drückt auf die dunklen Felder und möchte auf f4 bzw. e3 Betätigung finden.

14 Die g-Linie soll zur Verfügung des Turmes sein.

15 Felderräumung e1 für die weiße Dame.

16 Der Kampf um das Stellungsübergewicht spitzt sich zu. Dabei muß jetzt Schwarz auch seinen f-Bauern aktivieren.

17 Das Feld e4 wird weiter attackiert.

18 Nachdem Weiß jetzt einen Doppelbauern in Kauf nehmen mußte, soll damit der Turm auf h4 kaltgestellt werden.

19 Ein Qualitätsopfer auf Risiko. Die entblößte schwarze Königsstellung verlockt geradezu zu diesem Verfahren.

20 Druck auf der g-Linie.

21 Dies erfolgte schon in der Zeitnotphase und soll den Weißen zu der Variante
36. Th5:+ Dh5:
37. gh5: Tg1+ verlocken,
wonach Schwarz das deutlich bessere Endspiel erhielte.

22 Weiß fällt doch noch rein in der Zeitnot. Er glaubte eine Trumpfkarte auszuspielen und übersieht, daß Schwarz mittels
39. Tf3:+ einen Joker in der Hand hat!

23 Zwei Züge zuvor war noch alles offen. Jetzt verliert Weiß Material und gibt auf.

Partie Nr. 27

Robatsch-Verteidigung

Weiß: Arnold
Schwarz: Feustel

29. 12. 1980 – Homburg/Saar

1.	e2–e4	g7–g6
2.	d2–d4	Lf8–g7
3.	Sb1–c3	d7–d6
4.	Sg1–f3	Sb8–d7
5.	Lf1–e2	a7–a6
6.	a2–a4	e7–e6
7.	Lc1–e3	Sg8–e7
8.	Dd1–d2	h7–h6
9.	a4–a5[1]	f7–f5[2]
10.	0–0	Sd7–f6

11.	e4xf5	Se7xf5[3]
12.	Le2–c4[4]	0–0[5]
13.	Tf1–e1[6]	Kg8–h7[7]
14.	Le3–f4[8]	Sf6–h5[9]
15.	Lf4–g3[10]	g6–g5[11]

Stellung nach dem 15. Zug von Schwarz:

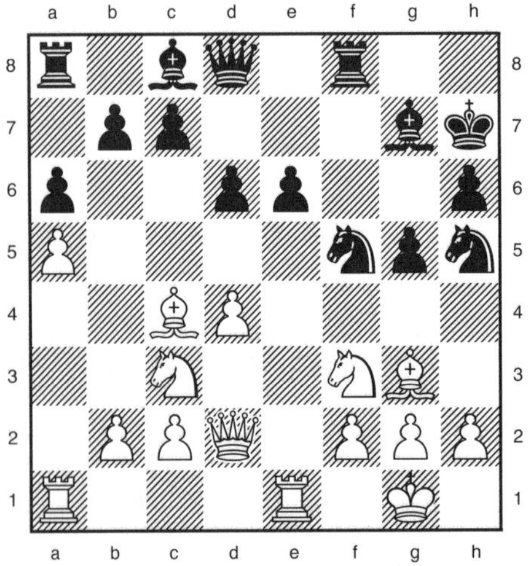

16.	Lc4xe6	Lc8xe6
17.	Te1xe6	g5–g4
18.	Sf3–e1	Lg7xd4[12]
19.	Sc3–e2[13]	Ld4–a7[14]
20.	Se1–d3	Dd8–d7
21.	Te6–e4	Sh5–f6[15]
22.	Te4–b4	b7–b5
23.	a5xb6 ep.	La7xb6
24.	Lg3–f4	a6–a5
25.	Tb4–a4	Ta8–e8[16]
26.	Se2–g3	Sf5xg3
27.	h2xg3	Sf6–e4
28.	Dd2–d1	Dd7–g7
29.	Kg1–f1	Tf8–f5
30.	Dd1–c1	Tf5–h5
31.	Kf1–g1	Se4xf2
32.	Sd3xf2	Te8–e2
33.	Dc1–f1	Lb6xf2+
34.	Df1xf2	Te2xf2
35.	Kg1xf2	Dg7xb2[17]

0 : 1

Stellung nach dem 21. Zug von Schwarz:

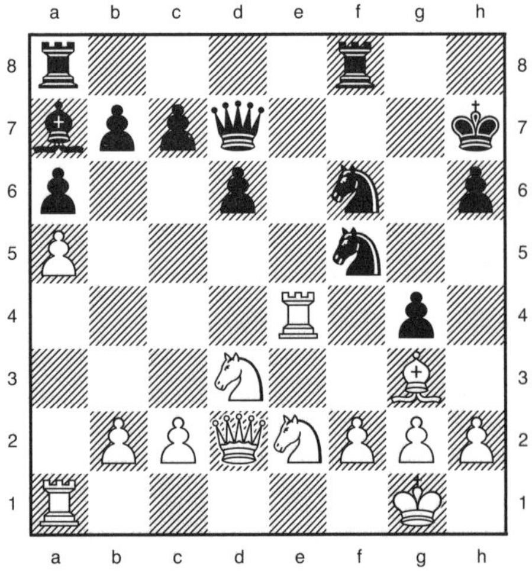

Kommentare:

1 Weiß will der schwarzen Damenflügelentwicklung entgegentreten und im Falle eines Zugs des schwarzen b-Bauern könnte dieser jetzt einfach weggetauscht werden, was dem Nachziehenden nicht genehm sein dürfte.

2 Aufgrund dieser weißen Verfahrensweise verlagert Schwarz das Partiegeschehen auf die andere Brettseite und versucht mittels f5 etwas Initiative zu entfalten.

3 Sicher ist diese Position nicht jedermanns Geschmack, aber solange die e-Linie von weißen Läufern blockiert ist, macht die Bauernschwäche e6 noch keine allzu großen Sorgen.

4 Zielt auf e6 und das mit gutem Grund. Schwarz muß sich etwas einfallen lassen, wenn er dem weißen Positionsdruck etwas entgegensetzen will.

5 Unbedingt erforderlich und dringlich. Die f-Linie soll Schwarz Gegenspiel bescheren.

6 Beide Spieler verfolgen ihren Plan mit Konsequenz. Es muß sich also zeigen, wessen Stellungsbeurteilung sich als richtig erweisen wird.

7 In der Diagonalfesslung c4–g8 darf der König keinen Zug länger bleiben.

8 Linienöffnung gegen e6.

9 Deckt e6 mittels folgender taktischer Möglichkeit:
15. Le6: Le6:
16. Te6: Sf4:
17. Df4: Sd4: /–+/

10 Der Läufer wird in Sicherheit gebracht und die Bedrohung des Feldes e6 wird intensiviert.

11 Da weder 15. – d5 (wegen der Felderschwächung e5) noch
15. – Df6 wegen
16. Se4 Df7
17. Sg5+ /+–/
in Betracht kommen, bleibt nur diese Lösung. Nichtsdestoweniger bin ich von der Richtigkeit des schwarzen Aufbaus überzeugt und die Fortsetzung zeigt ja bald den Nachziehenden im Vorteil.

12 Diese forcierte und von beiden Seiten beabsichtigte Abwicklung ist erfolgt und was hat sich daraus ergeben?
Weiß konnte zwar mit dem Turm nach e6 eindringen und den schwachen schwarzen Zentralbauern erobern, dennoch gebe ich dem schwarzen Spiel uneingeschränkt den Vorzug aus folgenden Gründen:
Die schwarzen Figuren stehen wirkungsvoller, die Springer auf f5 und h5 stehen überaus aktiv, Sf5 deckt h6, Ld4 fesselt weißen Bauern f2, der weiße Turm kann sich längerfristig auf e6 nicht behaupten.
Trotz unklarer Verwicklungsmöglichkeiten dürfte auch objektiv das schwarze Spiel den Vorzug verdienen.

13 Die weißen Streitkräfte müssen umgruppiert werden.

14 Ein äußerst kritischer Zug.
Schwarz mußte sich zuvor davon überzeugen, daß seine Königsstellung auch ohne diesen schwarzfeldrigen Schutzläufer auskommt.

15 Der weiße Turm wird immer mehr abgedrängt und verliert an Wirkungskraft.

16 Schwarz hat eine Idealstellung erreicht.

17 In den letzten zehn Zügen hat Schwarz seinen strategischen Vorteil konsequent zum Gewinn genutzt.

Partie Nr. 28

Robatsch-Verteidigung

Weiß: Treppner
Schwarz: Feustel

6. 1. 1981 – Erlangen

1.	c2–c4	g7–g6
2.	Sb1–c3	Lf8–g7
3.	d2–d4	d7–d6
4.	e2–e4	Sb8–d7
5.	Lc1–e3	e7–e6
6.	Dd1–d2	h7–h6
7.	f2–f3	Sg8–e7
8.	Lf1–d3	a7–a6
9.	Sg1–e2	e6–e5[1]
10.	d4–d5[2]	f7–f5
11.	Ld3–c2	f5–f4[3]
12.	Le3–f2	b7–b6
13.	Lc2–a4	0–0
14.	La4xd7[4]	Lc8xd7

Stellung nach dem 25. Zug von Schwarz:

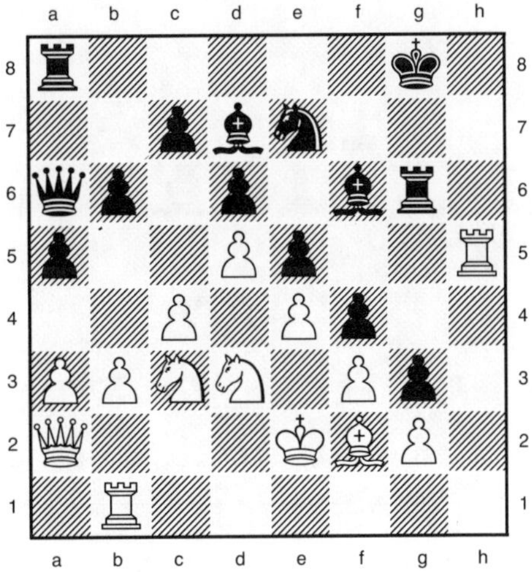

15.	Se2–c1	g6–g5[5]
16.	h2–h3	Tf8–f6
17.	Sc1–d3	h6–h5
18.	b2–b3	a6–a5
19.	Ke1–e2	Tf6–g6
20.	a2–a3	g5–g4[6]
21.	h3xg4	h5xg4
22.	Dd2–b2	Dd8–c8
23.	Ta1–b1	Dc8–a6[7]
24.	Db2–a2	Lg7–f6
25.	Th1–h5	g4–g3[8]
26.	Lf2–e1	Tg6–g5
27.	Th5xg5	Lf6xg5
28.	Le1–d2	Se7–g6
29.	a3–a4[9]	Sg6–h4
30.	Tb1–g1	Kg8–g7
31.	Sc3–b5	Da6–c8
32.	Da2–a1	Lg5–f6
33.	Ld2–c3	Dc8–d8
34.	Ke2–f1	Kg7–f7
35.	Tg1–h1	Dd8–g8[10]
36.	Sd3–e1	Ta8–c8
37.	Kf1–e2	Dg8–g6
38.	Da1–b1	Kf7–g7
39.	Db1–d3	Tc8–h8
40.	Dd3–b1	Sh4xf3[11]
41.	Se1xf3[12]	Th8xh1
42.	Db1xh1	Dg6xe4+

Stellung nach dem 40. Zug von Schwarz:

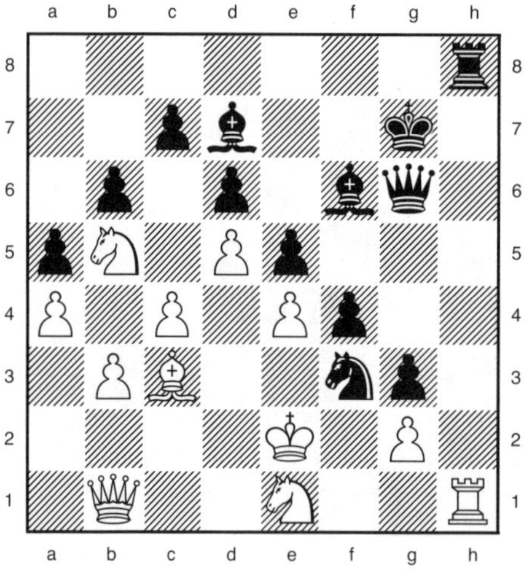

43.	Ke2–d2[13]	Ld7–f5
44.	Sf3–e1	f4–f3[14]
45.	g2xf3	Lf6–g5+
46.	Kd2–d1	De4–b1+
47.	Kd1–e2	Lf5–d3+[15]

0 : 1

Kommentare:

1 Zwar kein typischer Zug der Robatsch-Verteidigung, aber doch eine beachtenswerte Möglichkeit, die in dieser Partie zu königsindischen Stellungsbildern führt,

2 Weiß sollte vielleicht doch nicht so schnell abriegeln. Es kam in Betracht vorerst noch die Zentralspannung aufrecht zu erhalten.

3 Damit sind die Fronten geklärt. Das abgeriegelte Zentrum ist strukturbestimmend für den Partiefortgang.

4 Ob Weiß freilich das Läuferpaar aufgeben soll ist fraglich.

5 Plant mittelfristig den Bauernvorstoß nach g4.

6 Wenn Weiß kurz rochiert hätte, wäre das jetzt ein sehr wirkungsvoller Angriffszug. Da der Anziehende das aber in weiser Voraussicht unterlassen hat, stößt der schwarze g-Bauer so ziemlich ins Leere.

7 Doppelfunktional: Eventualdruck gegen c4, Absicht der Turmüberführung a8 zum Königsflügel.

8 Das soll den Weißen einengen und seine Figuren in ihrer Beweglichkeit hindern.

9 Es erstaunte mich anfänglich, daß Weiß auf die Durchsetzung des Damenflügelbauernsturms b4 und c5 damit endgültig verzichtet. Nichtsdestoweniger ist auch dieser Plan nicht ungefährlich.

10 Dies geschieht um damit das Springeropfer auf f3 vorzubereiten, wonach jetzt der g-Bauer gedeckt wäre und nach g2 vorstoßen könnte.
Die Varianten, die jetzt entstehen könnten, sind äußerst vielfältig und konnten in der beginnenden Zeitnot von beiden Seiten wohl

nicht mit absoluter Genauigkeit ausgerechnet werden.
Es kam so z. B. auch
36. Sc7: und
36. Sf4: in Betracht.

11 Das weiße Damenpendeln in der Zeitnot hat zwar zur Erfüllung des 40. Zuges gereicht, doch hat Weiß damit diesen taktischen Einschlag des Gegners wesentlich begünstigt.

12 Anstelle dessen gab es wieder einige Alternativen, so z. B.
41. Th8: Se1:
42. Th1 Sg2: /= +/

13 Der gejagte König darf weder nach d1 (wegen Db1+) noch nach f1 (wegen Dd3+) und findet im eigenen Lager keinen Zufluchtsort mehr.

14 Nur damit kann die Richtigkeit des schwarzen Figurenopfers bewiesen werden.
Weiß hatte wohl außer Acht gelassen, daß er jetzt der Kraft des gegnerischen Läuferpaars nichts mehr entgegenzusetzen hat.

15 Dies gewinnt forciert wegen 48. Sd3: Dh1: /− +/.
Schwarz konnte aber auch anders gewinnen und erst mal den gesamten weißen Damenflügel abholen, z. B.

47.	–	Da2+
48.	Kd1	Db3:+
49.	Ke2	Da2+
50.	Kd1	Da4:+
51.	Ke2	Dc4:+
52.	Kd1	Da4+
53.	Ke2	Db5:+
54.	Kd1	Dd5:+
55.	Ke2	/− +/

ein wahrhaft neckisches Spielchen.

Partie Nr. 29

Robatsch-Verteidigung

Weiß: IM Soos
Schwarz: Feustel

11. 1. 1981 – Bundesliga

1.	d2–d4	g7–g6
2.	e2–e4	Lf8–g7
3.	Sg1–f3	d7–d6
4.	Lf1–c4	e7–e6
5.	Sb1–c3	Sb8–d7
6.	Lc1–e3	Sg8–e7
7.	Dd1–e2	a7–a6
8.	a2–a4	b7–b6
9.	Ta1–d1	h7–h6
10.	Lc4–b3	0–0
11.	0–0	Lc8–b7
12.	h2–h3	Kg8–h7[1]
13.	Sf3–h2	b6–b5[2]
14.	f2–f3	b5–b4[3]
15.	Sc3–b1	a6–a5
16.	Sb1–d2	d6–d5[4]
17.	Tf1–e1	f7–f5[5]
18.	e4xd5	Se7xd5
19.	Sd2–c4[6]	Sd7–f6[7]
20.	Le3–c1[8]	Ta8–a6[9]
21.	De2–f2	Sf6–h5
22.	Sh2–f1[10]	Lg7–f6[11]
23.	Sc4–e5	Ta6–d6
24.	Se5–c4	Td6–a6
25.	Sc4–e5	Ta6–d6
26.	Se5–c4	Td6–a6[12]

Remis

Kommentare:

1 Vorerst bleiben beide Spieler auf Distanz und meiden jedes Risiko.

2 Dies ist nun schon ein erster aktiver Zug, den sich Schwarz erlaubt. Die Idee ist, nach b4 vorzustoßen und den weißen Springer c3 zu vertreiben.

Auf 14. ab5: ab5:
15. Sb5: Le4:
16. Lh6: Lg2:

bzw. 14. ab5: ab5:
15. Db5: La6! wird sich Weiß wohl kaum einlassen wollen.

3 Schwarz hat sein Ziel erreicht und erhält die Initiative.

4 Das soll die Bewegungsmöglichkeiten der weißen Figuren einengen und zudem ist die Drohung 17.–La6 jetzt zu beachten.

5 Etwas übereilt und nicht zielführend. Die schwarze Absicht weitere Felder damit zu beherrschen (g4) wird zwar erreicht, doch entstehen auch im schwarzen Lager jetzt unliebsame Schwachstellen, die später schutzbedürftig werden.

6 Dieser Springer strebt jetzt nach e5.

7 Schwarz will seine Kavallerie optimal einsetzen und muß diesen Springer zum Königsflügel hinüberführen.

8 Der Läufer weicht und macht den weißen Schwerfiguren die e-Linie frei zum Angriff gegen e6.

9 So kann alles bestens gedeckt werden und der Turm steht auf a6 sicher nicht verkehrt.

10 Der verirrte weiße Springer findet keine Einsatzfelder und wird zurückbeordert.

11 Danach droht gelegentlich Lh4 und Schwarz sollte eigentlich die besseren Aussichten auf seiner Seite haben.

12 Ein Angstremis durch Zugwiederholung. Die Verantwortung für den Mannschaftskampf hemmt die Risikobereitschaft.

Bernd Feustel
Foto: Stümpel

Partie Nr. 30

Robatsch-Verteidigung

Weiß: Nautsch
Schwarz: Feustel

7. 2. 1981 – Bundesliga

1.	d2–d4	g7–g6
2.	c2–c4	Lf8–g7
3.	Sb1–c3	d7–d6
4.	e2–e4	Sb8–d7
5.	Lc1–e3	e7–e6
6.	Dd1–d2	h7–h6
7.	Lf1–d3	Sg8–e7
8.	Sg1–e2	b7–b6
9.	0–0	f7–f5[1]
10.	Se2–f4[2]	Sd7–f6[3]
11.	e4xf5	g6xf5[4]
12.	Ld3–e2[5]	0–0[6]
13.	Sf4–h5[7]	Sf6xh5
14.	Le2xh5	Kg8–h7
15.	Ta1–d1	Lc8–b7[8]
16.	d4–d5[9]	e6–e5
17.	f2–f4	Se7–g8[10]
18.	Lh5–e2	e5–e4
19.	Sc3–b5[11]	Sg8–f6
20.	Sb5–d4	Dd8–d7[12]
21.	Sd4–e6	Tf8–g8
22.	Tf1–f2[13]	Lg7–h8
23.	Le3–d4	Ta8–e8

Stellung nach dem 23. Zug von Schwarz:

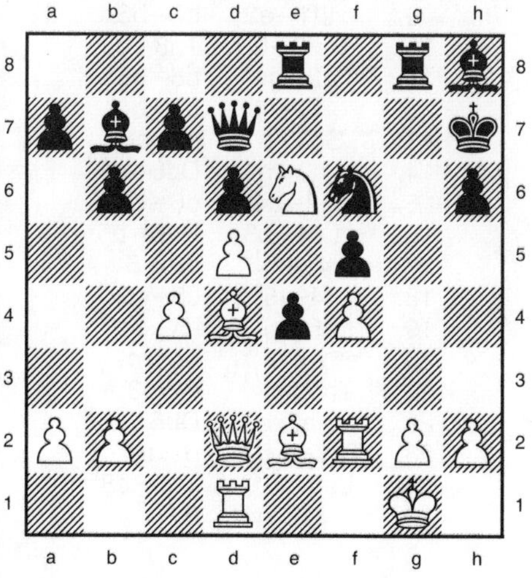

24.	Dd2–e3	Te8xe6[14]
25.	d5xe6	Dd7xe6
26.	b2–b3[15]	c7–c5[16]
27.	Ld4–a1	d6–d5[17]
28.	La1xf6[18]	d5–d4[19]
29.	De3–h3	Lh8xf6
30.	g2–g4	d4–d3
31.	g4–g5[20]	Lf6–d4
32.	Le2–f1	Tg8–g6
33.	Lf1–g2	e4–e3[21]

Stellung nach dem 33. Zug von Schwarz:

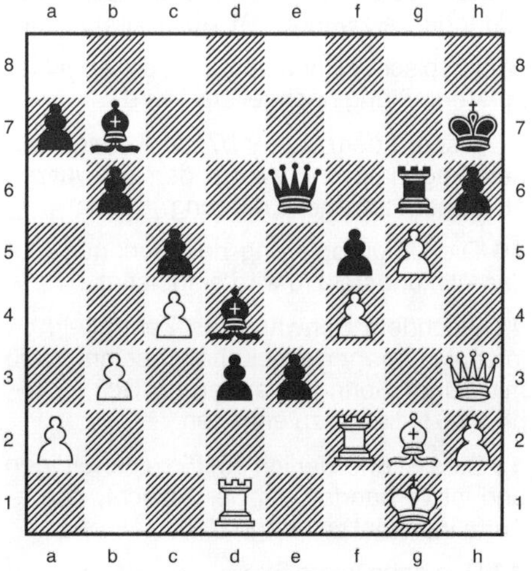

34.	Lg2xb7	e3xf2+
35.	Kg1–g2	De6–e1
36.	Dh3xd3	De1–g1+[22]

0 : 1

Kommentare:

1 Wie in einigen vorausgegangenen Beispielen auch hier wieder der risikoreiche f-Bauernzug.

2 Weiß will den schwachen Punkt e6 unverzüglich attackieren. Freilich kamen daneben zahlreiche andere chancenreiche Alternativmöglichkeiten in Betracht, z. B.
10. d5 e5
11. f4

3 Natürlich nur so und nicht 10. – Sf8.

4 Schwarz war hier vor eine schwere Wahl gestellt, entschloß sich aber sogleich zu dieser Möglichkeit. Die Fortsetzung 11. – ef5: führt zu einem anderen Stellungstypus und bedürfte ebenfalls der Untersuchung.

5 Der Läufer zielt von hier aus nach h5.

6 Gerade noch rechtzeitig kann sich Schwarz mittels der Rochade in Sicherheit bringen.

7 Bedroht gleichzeitig g7 und h6, was zu der folgenden erzwungenen Abwicklung führt.

8 Ein typischer Robatsch-Zug, der aber hier mit Verspätung nachgeliefert wird.

9 Versperrt dem Läufer b7 die Aussicht auf der Diagonale und zwingt den schwarzen e6-Bauern zu einer Erklärung.

10 Die Umgruppierung des Springers auf das Wirkungsfeld f6 wird eingeleitet.

11 Nachdem Schwarz das Zentralfeld d4 jetzt nicht mehr gedeckt hält, beginnt Weiß mit seiner Springerwanderung Sc3 –b5–d4– e6 Initiative zu entfalten.

12 Dies ist erforderlich um f5 zu verteidigen und ist verbunden mit der Absicht, den a-Turm ins Spiel zu bringen.

13 Das hatte keine Eile.
Besser sollte Weiß auf g7 tauschen, um sich des gegnerischen Läuferpaars zu entledigen.

14 Mittels Qualitätsopfer kann Schwarz jetzt das Gesetz des Handelns diktieren.

15 Äußerst zweifelhaft.
Weiß sollte sich diesen Tempoverlust nicht erlauben.

16 Damit beginnt Schwarz einen Bauernsturm, wogegen Weiß ungeeignete Maßnahmen ergreift.

17 Schwarz setzt auf die Kraft seiner Zentralbauern.

18 Dies ist ein eklatanter Fehler und kostet schon die Partie. Nach 28. cd5: war das Spiel noch lange nicht entschieden.

19 Damit hatte der Anziehende wohl nicht gerechnet. Die Stellung hat sich in den letzten fünf Zügen entscheidend zu Gunsten des Nachziehenden verändert.

20 Eine einzügige Mattdrohung, die Schwarz zur Aufmerksamkeit zwingt.

21 Dieses weitere Voranschreiten des schwarzen Zentral-Bauernpaares gewinnt am leichtesten.

22 Ergibt ein Matt auf g4 nach
37. Tg1: fg1:D+
38. Kh3 bzw.
38. Kf3: Dg4 Matt

Partie Nr. 31

Robatsch-Verteidigung

Weiß: IGM Ciocaltea
Schwarz: Feustel

20. 3. 1981 – Bochum

1.	e2–e4	g7–g6
2.	d2–d4	Lf8–g7
3.	Sb1–c3	d7–d6
4.	Lc1–e3	Sb8–d7
5.	Dd1–d2	a7–a6
6.	f2–f3	h7–h6
7.	Sg1–h3	e7–e6
8.	Sh3–f2	Sg8–e7
9.	Lf1–e2	b7–b6
10.	0–0–0[1]	Ta8–b8[2]
11.	g2–g4[3]	b6–b5[4]
12.	f3–f4[5]	b5–b4[6]
13.	Sc3–b1	c7–c6
14.	h2–h4	Dd8–a5[7]
15.	Le2–c4[8]	d6–d5
16.	Lc4–b3	Da5–b5[9]
17.	h4–h5[10]	g6xh5[11]
18.	f4–f5[12]	c6–c5[13]
19.	f5xe6[14]	c5–c4[15]
20.	e6xd7+[16]	Lc8xd7
21.	Th1xh5[17]	c4xb3
22.	a2xb3	Db5–c6[18]
23.	Td1–e1[19]	d5xe4
24.	Le3–f4[20]	Tb8–c8[21]
25.	Sf2xe4	0–0[22]

Stellung nach dem 14. Zug von Schwarz:

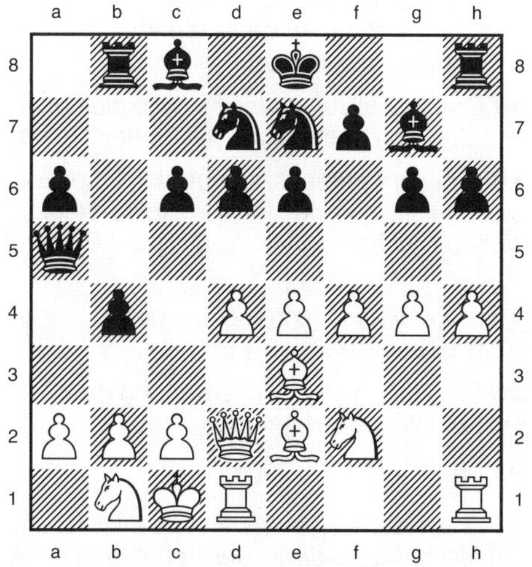

Stellung nach dem 25. Zug von Schwarz:

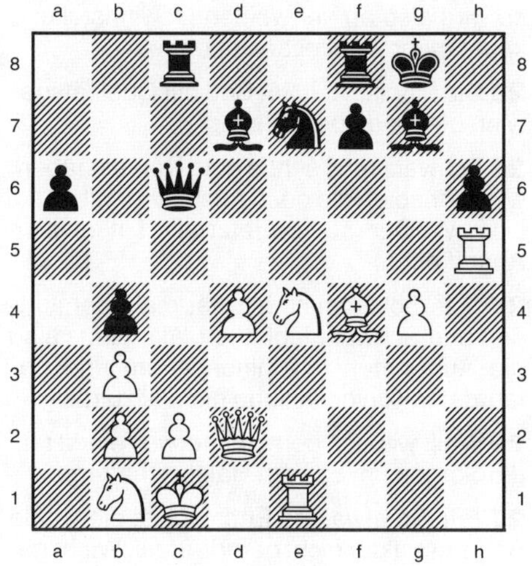

26.	Lf4xh6[23]	Ld7xg4[24]
27.	Lh6xg7	Lg4xh5
28.	Lg7xf8	Kg8xf8[25]
29.	c2–c4[26]	b4xc3ep.
30.	Sb1xc3[27]	Se7–d5
31.	Se4–c5	Sd5–b4[28]
32.	Sc3–e4	a6–a5[29]
33.	Dd2–e3	Dc6–g6[30]
34.	Te1–g1	Dg6–h7
35.	Tg1–h1	Dh7–g6
36.	De3–h3[31]	Tc8xc5+[32]
37.	d4xc5	Dg6xe4[33]
38.	Dh3–c8+	Kf8–g7
39.	Th1–g1+	Lh5–g6
40.	Tg1xg6+	De4xg6[34]

0 : 1

Stellung nach dem 35. Zug von Schwarz:

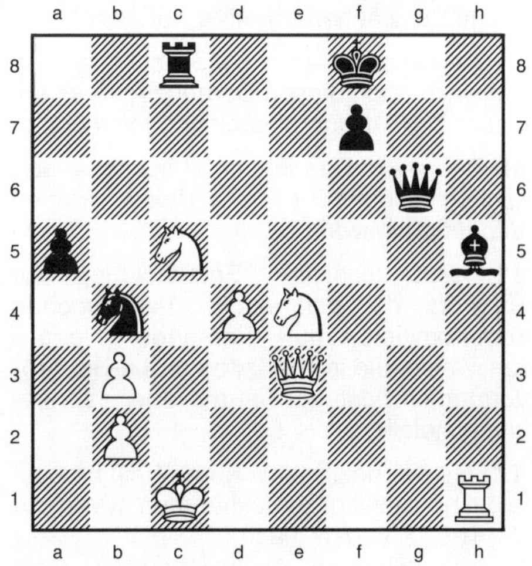

Kommentare:

1 Nach den Partien Nr. 20, Nr. 24 und Nr. 25 ist dies das vierte Beispiel aus dem Robatsch-Komplex mit langer Rochade des Weißen.
Es entwickeln sich daraus ganz spezifische Kampfbilder, die bei heterogenen Rochaden allgemein vorkommen, die jedoch im Robatsch-Komplex im Gegensatz z. B. zur Drachenvariante weit weniger theoretisch untersucht sind.

2 Den Läuferzug Lb7 wollte sich Schwarz wegen der weißen Bauernkonstellation f3/e4 ohnehin sparen. Jetzt ist vielmehr der Turmzug nach b8 zur Unterstützung des schwarzen Damenflügelangriffs erforderlich.

3 Weiß sucht seine Chance konsequent am anderen Flügel.

4 Nur der Schnellere kommt ans Ziel, deshalb keine Zeit verlieren mit Vorbereitungszügen.

5 Planmäßig und stellungsgerecht.

6 Vertreibt den c3-Springer.

7 Die schwarze Dame möchte a2 befragen.

8 Weiß will kein Risiko eingehen und unterläßt deshalb natürlich a2–a3, was nur unnötige Schwächen schaffen würde.

9 Hier gab es zahlreiche Möglichkeiten und Schwarz wählt diesen Damenzug deshalb, weil er den a-Bauern voran bringen möchte.

10 Der weiße Randbauer ist schneller und schlägt die erste Bresche in den schwarzen Verteidigungswall.

11 Eine schwere Entscheidung für Schwarz, der sich damit ausgesprochen kompromitieren muß. Eine andere Verfahrensweise, die in Stillhalten und a-Bauernvormarsch bestand, hat mir aber ebensowenig gefallen.

12 Das war des Pudels Kern. Weiß braucht ja auf h5 gar nicht zurücknehmen, was nach 18. Th5: Sf6 bzw. nach
18. gh5: f5!! dem Nachziehenden nicht übel gefallen hätte, sondern er bringt gleich einen weiteren Angreifer ins Gefecht.

13 Nach langer Erwägung entschließt sich Schwarz, die ohnehin schwierige Stellung weiter zu komplizieren. Die Vielzahl der möglichen Varianten kann hier nicht einmal andeutungsweise aufgeschlüsselt werden. Der schwarze Monarch fühlt sich in der Mitte freilich sehr unwohl, solange die weiße Bauernlawine auf ihn zurollt.

14 Das ist wohl das energischste, wenngleich auch andere Züge wie ed5:–dc5: ernsthaft in Erwägung gezogen werden konnten.

15 Das ist zwar nicht korrekt, aber alles andere war Schwarz ebenfalls nicht geheuer.

16 Ein vorübergehender Figurengewinn und dazu noch mit Schach. Weiß kann sich über die erreichte Stellung wirklich freuen und der Nachziehende muß sehen, wie er mit der Bescherung fertig wird.

17 Druckspiel auf der h-Linie und gleichzeitige Bauernfesselung auf der fünften Reihe.

18 Schwarz erkennt die vordringliche Notwendigkeit, aus der fünften Reihe wegzuziehen und hofft auf der c-Linie auf Gegenchancen.

19 Zentrallinienstrategie gegen den schwarzen König.

20 Mit Tempogewinn (Bedrohung des Turmes b8) wird e4 abgeholt.

21 c-Linien-Druck.

22 Die Rochade ist zwar bedenklich und führt schnurgerade in den feindlichen Angriff hinein, aber es ging ja auch nichts anderes. Der Drohung Sd6+ konnte Schwarz nichts Gleichwertiges entgegensetzen und so wird also an der weißen Gewinnstellung kaum mehr Zweifel bestehen.

23 Die Möglichkeit 26. Sd6 mit Qualitätsgewinn bestand ebenfalls.

24 Schwarz muß schon gute Nerven haben, wenn er so etwas noch aushalten will.
Dem Weißen stehen jetzt alle Linien zum Angriff offen.

25 Das Schlimmste ist erst mal überstanden und Schwarz lebt noch. Allerdings sind die Aussichten mit Minusbauern und gefährdeter Königsstellung nicht allzu rosig.

26 Weiß will sich berechtigterweise erst mal die Sorgen um c2 vom Halse schaffen.

27 Für ein etwaiges Endspiel ist die weiße Bauernstruktur nicht gerade ideal. Wichtiger ist aber, daß jetzt endlich der Springer b1 wieder zur Entfaltung kommt.

28 Der schwarze Springer will sich in der Nähe des weißen Königs tummeln und Eventualdrohungen aufstellen. Bei der sich abzeichnenden hochgradigen weißen Zeitnot besteht immerhin noch ein kleiner Hoffnungsschimmer auf eine Unachtsamkeit.

29 Der Springer b4 wird abgesichert.

30 Die schwarze Dame muß h6 decken und soll gleichzeitig die Diagonale h7–b1 im Auge behalten.

31 Dies ist der partieentscheidende Verlustzug, der sich nur durch hochgradige Zeitnot erklären läßt.
Weiß fiel der Verlockung zum Opfer mit diesem Zug eine Doppeldrohung gegen h5 und c8 aufzustellen, ließ aber die Gefahren außer Acht, die jetzt der eigenen Königsstellung drohen.
Zum sicheren Remis hätte die Zugwiederholung:
36. Tg1 Dh7
37. Th1 Dg6 usw. geführt, während erfolgversprechende Gewinnversuche am ehesten mittels 36. Kd2 in die Wege geleitet werden konnten, mit der etwaigen Eventualfolge:
36. Kd2 Tc6
37. Df4 und Schwarz wird den Bedrohungen kaum noch begegnen können.

32 Wenn man das sieht – oder aber beim Nachspielen am Analysenbrett, wirkt dieser Zug furchtbar einfach, im Zeitnotduell freilich gelten andere Gesetze.

33 Jetzt ist die Schlacht zugunsten des Nachziehenden entschieden, der mittels der Drohung Dc2 Matt die entscheidende Trumpfkarte ausspielen kann.

34 Nach Erreichen der Zeitkontrolle kann Weiß nur noch angesichts der Trümmer seiner früheren Glanzstellung das Handtuch werfen.
Ein derartiges Zeitnot-Schicksal mußte wohl schon mancher Turnierspieler durchleiden.

Partie Nr. 32

Robatsch-Verteidigung

Weiß: IGM Torre
Schwarz: Feustel

1. 4. 1981 – Bochum

1.	d2–d4	g7–g6
2.	c2–c4	Lf8–g7
3.	Sb1–c3	d7–d6
4.	e2–e4	Sb8–d7
5.	Lf1–e2	e7–e6
6.	Lc1–e3	Sg8–e7
7.	Dd1–d2	h7–h6
8.	g2–g4	b7–b6
9.	f2–f4	Lc8–b7
10.	Le2–f3	e6–e5[1]
11.	f4xe5	d6xe5
12.	d4–d5[2]	Se7–c8[3]
13.	Sg1–e2	Sc8–d6[4]
14.	b2–b3	Dd8–h4+[5]
15.	Se2–g3[6]	Sd7–f6[7]
16.	g4–g5[8]	h6xg5
17.	Le3xg5	Lg7–h6[9]

Stellung nach dem 17. Zug von Schwarz:

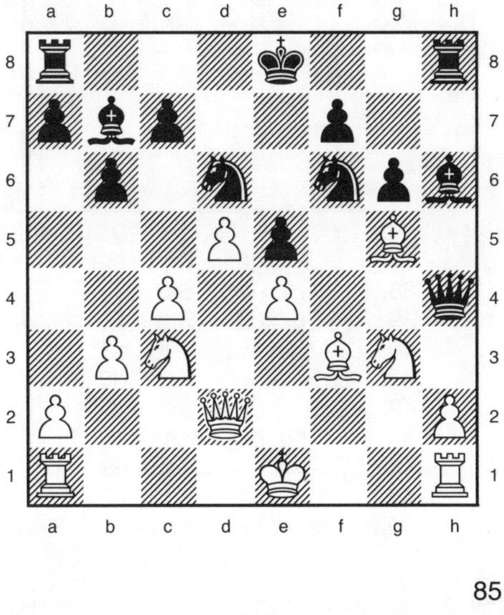

18.	Lg5xh6[10]	Dh4xh6
19.	Dd2xh6	Th8xh6
20.	0–0	Ke8–e7[11]
21.	Tf1–f2[12]	Ta8–h8
22.	Ta1–c1	Lb7–c8[13]
23.	b3–b4[14]	Lc8–d7
24.	c4–c5	Sd6–e8[15]
25.	Tc1–c2	Th6–h4
26.	Tc2–d2	Sf6–h7[16]
27.	d5–d6+	c7xd6
28.	Sc3–d5+[17]	Ke7–d8
29.	c5xb6	a7xb6
30.	Sd5xb6[18]	Sh7–g5[19]
31.	Lf3–g2[20]	Th4xh2
32.	a2–a4	Ld7–g4
33.	Sb6–c4	Kd8–e7
34.	b4–b5	Lg4–e6
35.	Sc4–e3	Se8–f6
36.	b5–b6[21]	Th2xg2+[22]

Stellung nach dem 36. Zug von Weiß:

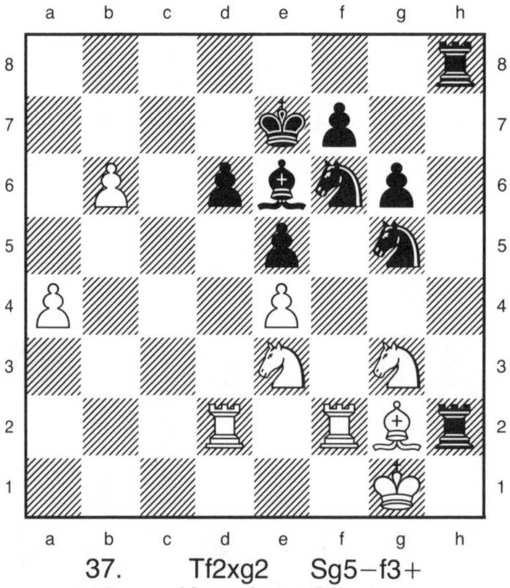

37.	Tf2xg2	Sg5–f3+
38.	Kg1–f1	Sf3xd2+
39.	Tg2xd2	Sf6–d7
40.	a4–a5	Th8–a8[23]
41.	Se3–d5+	Ke7–d8[24]
42.	Sd5–b4[25]	Sd7–b8[26]
43.	Td2–h2	Kd8–c8
44.	Th2–c2+	Kc8–d8
45.	Tc2–h2	Kd8–c8
46.	Th2–c2+	Kc8–d8[27] **Remis**

Kommentare:

1 Nachdem Weiß bereits ein bedrohliches Bauernzentrum aufgebaut hat, darf Schwarz jetzt nicht länger in Passivität verharren und muß dem weißen Expansionsdrang einen Riegel vorschieben.

2 Weiß vertraut auf seinen Raumvorteil, doch kann Schwarz jetzt seinerseits Aktionen gegen das statische weiße Bauerngerippe einleiten.

3 Der beste Zug und Garant des Ausgleichs. Vom Springerfeld d6 aus entfaltet der schwarze Gaul optimale Wirkung, und er bedroht sogar die weißen Basisbauern e4 und c4.

4 Die Kavallerie ist in Stellung gebracht und schon muß Weiß auf der Hut sein.

5 Der unrochierte weiße König wird verunsichert.

6 Würde der Läufer auf f2 dazwischenziehen, so wollte Schwarz nach 15. – Df6 bald mal h5 und Lh 6 folgen lassen.

7 Schwarz droht auf g4 zu nehmen und die folgende Abwicklung ergibt sich danach fast zwangsläufig. Von einem weißen Anzugsvorteil ist nichts mehr zu sehen.

8 Auf 16. De2 wollte sich Schwarz mit 16. – Lc8 am g4-Bauern schadlos halten.

9 Dies wirkt nur auf den ersten Blick spektakulär. Bei geübten Taktikern gehören derartige kleine Scherze zum üblichen Handwerkszeug. Schwarz darf sich daraus zwar noch keinen nennenswerten Vorteil erhoffen, doch ist die Beherrschung der h-Linie und die Eliminierung des besseren Läufers beim Anziehenden schon eine Kleinigkeit wert.

10 Fast noch lieber hätte Schwarz die Folge
18. Lh4: Ld2:+
19. Kd2: Th4: gesehen,
weil Weiß dann auch noch auf die Rochade verzichten müßte. Genaugenommen kann der Nachziehende aber auch mit diesem Abspiel zufrieden sein.

11 Der schwarze König steht hier goldrichtig. Der a-Turm wird zur h-Linie geführt und das Fehlen der dunkelfeldrigen Läufer macht e7 zum Idealfeld, zumal die potentiellen Springerschachfelder f5 und d5 unzugänglich sind und in der weißen Stellungsstruktur hier statische Elemente dominieren.

12 Prophylaktische Deckung von h2.

13 Hier war das Manöver Sf6 – h7 – g5 das einzig stellungsgerechte und versprach Schwarz deutlichen Positionsvorteil. Der gewählte Zug leistet nichts und ist zu tadeln.

14 Nachdem Schwarz gezaudert hat, sucht jetzt der Anziehende seine Chance im Vorstoß der Damenflügelbauern.

15 Der Springer muß c7 überdecken.

16 Endlich entdeckt Schwarz dieses stellungsgemäße und erforderliche Umgruppierungsmotiv, das aber im 22. Zug mehr geleistet hätte.

17 Weiße Zentralfelderstrategie mit der wirkungsvollen Absicht, sich Damenflügelfreibauern zu schaffen.

18 Die weiteren weißen Pläne sind leicht zu erraten. Er will den schwarzen h-Linien-Druck neutralisieren und im Endspiel das eigene Freibauernpaar a/b gewinnverheißend vorstürmen lassen. Diesen Unternehmungen muß Schwarz ideenreich begegnen.

19 Ein neues Idealfeld für den schwarzen Springer ist gefunden. Den direkten Drohungen Sh3+ bzw. Th2: muß Weiß jetzt Beachtung schenken.

20 Dies kostet zwar den h2-Bauern, doch vermag es den schwarzen Angriffsdruck fürs erste zu bremsen.

21 Während der Königsangriff auf der h-Linie nicht weitergeht, stürmen die weißen Freibauern mit Riesenschritten voran.

22 Die einzige Möglichkeit, die es noch gab und gleichzeitig ein Beschäftigungsopfer in Zeitnot.

Daß die Qualität in allen Varianten zurückgewonnen werden kann, läßt sich leicht feststellen, z. B.

37. Tg2: (siehe Partiefortgang)
bzw. 37. Kg2: Se4:
bzw. 37. Sg2: Sh3+

23 Die Zeitnot ist vorbei und die Fronten klären sich. Dem Vorwärtsdrang der weißen Bauern stellen sich die schwarzen Figuren in den Weg.

24 Wegnehmen auf d5 dürfte etwas mehr versprechen. Auch 41. – Kf8 wäre chancenreich. Der gewählte Zug des Schwarzen übersieht glatt die simple weiße Entgegnung.

25 Da bin ich vielleicht erschrocken!
Damit hatte ich ja überhaupt nicht gerechnet. Weiß kommt jetzt mit der Drohung Sc6+ wirkungsvoll ins Spiel.

26 Gerade noch ein Ausweg um c6 unter Kontrolle zu behalten. Mehr als Remis ist aber nicht mehr drin.

27 Den Stellungsgesetzen folgend einigen sich die Spieler auf Remis. Keiner darf sich noch etwas erlauben und der Kurzschluß-Zug 46. – Kb7 hätte gar ein Hilfsmatt 47. Tc7 bewirkt.

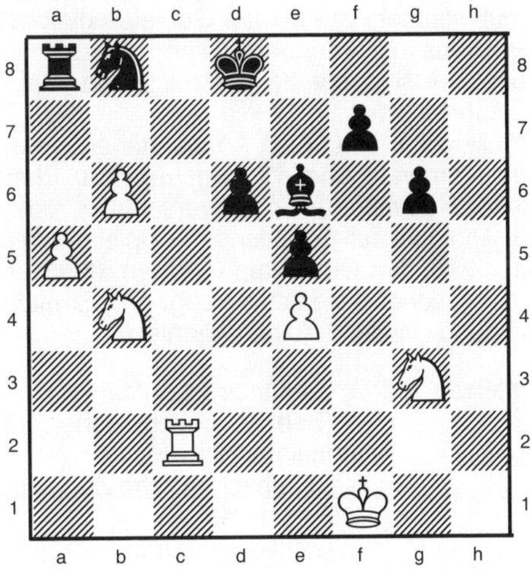

Ratschläge für kreatives Spiel und Anregungen zu einem eigenen Eröffnungsrepertoire

Jeder Schachspieler wird im Laufe seiner Spielpraxis einem bestimmten Schachstil den Vorzug geben, der von bestimmten Vorbildern stark, weniger stark oder auch gar nicht beeinflußt sein kann.

Einhergehend mit dem individuellen Schachstil entwickelt sich folgerichtig eine Vorliebe für spezielle und eine Abneigung gegenüber anderen Stellungstypen.

Es ist jetzt ein nächster Schritt zu vollziehen, den viele bewußt, andere auch unbewußt gehen, der aber von manchen gar nicht erkannt und wahrgenommen wird, nämlich sich ein Eröffnungsrepertoire zu basteln, das maßgerecht auf die eigene Schachveranlagung und den eigenen Schachstil zugeschnitten sein soll. Dieses ist umso wichtiger, als spezielle Eröffnungen immer wieder zu speziellen und meist gleichen Stellungstypen führen.

Es wäre hier im Rahmen dieses kleinen Bändchens zuviel verlangt, eine komplette Typologie der Schachstellungen schreiben zu wollen. Dem Verfasser ist es auch nicht bekannt, daß etwas Ähnliches bereits mit Erfolg unternommen worden wäre. Es kann nur eine bequeme aber letztendlich doch unbefriedigende Behelfskonstruktion sein, wenn man sich mit Gegensatzpaaren, wie:

offene	–	geschlossene Partie
Positionsspiel	–	Kombinationsspiel
aktives	–	passives Spiel
dynamische	–	statische Stellung
strategisches	–	taktisches Vorgehen

aus der Affäre zieht.

Dies kann allein schon deshalb nicht voll befriedigen, weil es eine saubere Trennung zwischen Positions- und Kombinationsspiel genau genommen gar nicht gibt. Ein guter Spieler muß vielmehr auf beiden Gebieten gleichermaßen bewandert sein, denn nur durch gutes Positonsspiel können treffliche Kombinationen vorbereitet werden und vielfach kann die beste Positionspartie nur durch die Ausnutzung kombinatorischer Elemente zum Sieg geführt werden.

Vielleicht ist man dem Ansatz näher, wenn man gewisse Bauernformationen als strukturbestimmende und stellungstragende Elemente erkennt und daraus Positionstypen ableitet, was mitunter schon versucht wurde.

In Analogie zur Ermittlung der Spielstärke (mit Hilfe der ELO- oder Ingo-Zahl) könnte man auch auf den Gedanken verfallen, den Versuch einer Stellungstypologie, vielleicht mittels numerischer Datensammlung, d. h. Ermittlung von Maßzahlen vorzunehmen, was z. B. auf folgende Weise erfolgen könnte:

Maßzahl für:
- a) Stellungsvereinfachung
  (Zahl der geschlagenen Steine)
- b) Initiativität
  (durchschnittliche Zuglänge)
- c) Flexibilität
  (Zahl der Figuren – Zugmöglichkeiten)

d) Spannung
(Zahl der Schlagmöglichkeiten)

Freilich ist auch damit noch kein Durchbruch gelungen, aber den Gedanken könnte man doch weiterspinnen...

Im Hinblick auf Stellungstypen kann man gleich auf die Wertigkeit einzelner Züge zu sprechen kommen:

Neben strukturneutralen, unkritischen Zügen, die sich oft zwingend ergeben (z. B. bei forciertem Abtausch) gibt es in jeder Partie zur Genüge strukturbestimmende kritische Züge, die sich dadurch auszeichnen, daß sie den Charakter der Stellung langfristig determinieren. Derartig kritische Züge sind es in der Regel, bei denen sich das Stellungsgefühl und die Spielstärke eines jeden Schachspielers beweisen.

Es ist immens wichtig, sich mitunter bewußt zu machen, in welchen Fällen man eigentlich kritische und wann unkritische Züge macht. Insbesondere in Zeitnot kann es partieentscheidende Bedeutung haben, ob man selbst oder der Gegner die kritischen, strukturbestimmenden Züge machen muß, oder ob man in der glücklichen Lage ist, sich mit unverfänglichen Zügen über die Zeitkontrolle hinweg lavieren zu können. (Aber Vorsicht vor unbeabsichtigter 3-facher Zugwiederholung)!

Was ich damit zum Ausdruck bringen will, entspricht in etwa der Aussage folgenden Zitates:

„Führen Sie Stellungen herbei, wo der Gegner Entscheidungen treffen muß. Weil es keine Vollkommenheit im Schach gibt, kann man damit rechnen, daß Ihr Gegner nicht immer die allerbesten Züge finden wird. Die Hauptsache ist darum, ihn mit solchen Stellungen zu beschäftigen, wo der richtige Zug weder einfach ist noch auf der Hand liegt. Lassen Sie ihn echte Entscheidungen treffen! Ein zwangsläufiges Abspiel, wo die einzigen korrekten Züge praktisch ‚automatisch' gemacht werden, bietet wenig praktische Aussichten."

(Auszug aus Deutsche Schachzeitung, Mai 1981, Edmar Mednis, New York)

Zur Erfordernis und zum Erwerb eines eigenen Eröffnungsrepertoires

(Ratschläge und Gedanken)

Wie sich folgerichtig aus den vorhergegangenen Überlegungen ergibt, gilt es also das individuelle Eröffnungsrepertoire auf den eigenen Schachstil und auf die persönlichen Vorlieben abzustimmen. Darüber dürfte es keinen Zweifel geben.

Wie kann man nun als Spieler zu Werke gehen, wenn man noch nicht auf einen so großen eigenen Erfahrungsschatz zurückgreifen kann, wie es den langgedienten Meisterspielern möglich ist.

1. Man mache sich seinen eigenen Stil bewußt. Wie in allen Lebensbereichen (Kunst – Mode – Architektur...) unterscheiden sich die Geschmäcker auch im Hinblick auf Schachstellungen. Während den einen Endspiele in wahre Euphorie versetzen und er komplizierte Mittelspielverwicklungen wie die Pest fürchtet, ist es beim anderen umgekehrt. Wie der eine die Vereinfachung anstrebt, so sucht der andere dieselbe tunlichst zu vermeiden. Es sei hier einem Mißverständnis vorgebeugt:

   Der Schachstil hat mit der Spielstärke ganz und gar nichts zu tun. Spieler von der Weltmeisterklasse bis hinunter zum untersten Kreisliga-Niveau können demselben Stil huldigen, während Spieler desselben Spielstärke-Niveaus die verschiedensten Stilrichtungen pflegen können.

2. Wenn man seinen Stil gefunden hat und beibehalten will, so suche man sich die geeignetsten Eröffnungssysteme aus, die dem persönlichen Stellungsempfinden am meisten entgegenkommen.

3. Man versuche den eigenen Schachstil dem Gegner aufzunötigen. Wenn es gelingt, in einer Partieeröffnung dem Gegner einen bestimmten Stellungstyp aufzuzwingen, so ist damit schon einiges erreicht.

   Oftmals ist eine /=/-Stellung (d. h. eine ausgeglichen beurteilte Stellung lt. Theoriebuch), die einem behagt, viel viel angenehmer zu spielen, als eine /+=/-Stellung (vorteilhaft lt. Theoriebuch), mit einem ungelegenen Stellungstypus. Dies liegt ganz schlicht und einfach daran, daß man sich auf eigenem Terrain viel sicherer und heimischer fühlen kann, als auf fremdem, unsicherem Pflaster.

4. Man begrenze sein eigenes Eröffnungs-Repertoire sinnvoll. Es ist ein Luxus, alles was es gibt spielen zu wollen. Wie es in der Bildungsstruktur des 20. Jahrhunderts keinen Universalgelehrten mehr gibt, so wenig gibt es einen Spieler, der in allen Stellungstypen und Eröffnungssystemen gleich firm sein kann, bzw. über enzyklopädisches Eröffnungswissen verfügt.

   Eine heilsame Selbstbegrenzung tut not, nicht zuletzt deshalb, weil man auf einem engeren Sektor viel tiefer in die Materie eindringen kann.

5. Man soll die absolute Theoriegläubigkeit abbauen! Die Aussagen, die von Meisterspielern und Theoretikern in Eröffnungsbüchern gemacht werden, sind zwar in der großen Mehrzahl richtig, doch nicht in allen Fällen. Schon oft wurde eine Variante, eine Analyse, ein ganzes Abspiel, das bislang als schlecht galt, über Nacht in Folge einer einzigen neu gespielten Partie plötzlich ganz und gar neu bewertet und nichts blieb von der früheren Einschätzung erhalten. Diese Fälle sind zwar nicht gerade häufig, kommen aber doch von Zeit zu Zeit vor.
Merke: Ein Zug ist nicht schon deshalb gut, weil er im Buch empfohlen wird!

6. Man soll der Eröffnung an sich keine übertriebene Bedeutung beimessen. Zwar kann ein schwacher Anfang mitunter die Partie kosten, ehe sie noch recht begonnen hat, doch sind derartige Ausnahmefälle ausgesprochen selten. Ich gehe einig mit dem Zitat von Milan Vidmar, aus „Goldene Schachzeiten" Seite 7:
„Die Eröffnungen sind es nicht, die das Spiel ausmachen, sondern die Spielkraft, der Kampfwille, die Erfindungsgabe. Lasker hat nie sehr viel von der sogenannten Eröffnungstheorie, die ja eigentlich die reinste Eröffnungsempirie ist, gehalten. Trotzdem errang er Erfolge und zwar sehr oft mit schlechten Eröffnungen."

7. Neuerungen im Schach kann jeder finden. Es sind zwar auf einzelnen Sektoren die Theoretiker schon seit unzähligen Jahren immer forschend und weiter fortschreitend tätig, doch gibt es in der Unerschöpflichkeit des Schachspiels auch heute noch genug Neuland zu entdecken. Man muß nur den Mut dazu aufbringen zu suchen und ausgetretene Pfade zu verlassen. Mit Eröffnung „Marke Eigenbau" kann man gar manchem Gegner gefährlich werden.

8. Originalität und Kreativität ja, aber nicht um jeden Preis.
Es gibt freilich Grenzen des Eigenschöpferischen, da nämlich, wo der neue Zug, der neue Plan nichts anderes ist als purer Nonsens oder verlustträchtiger Unfug. Nichtsdestoweniger sind die Grenzen weit gesteckt, wie die Vorwortpartien Karpov – Miles, Sutterer – Böhm beweisen.

9. Was ist von Mode-Varianten zu halten?
Wer Modevarianten spielt, muß entweder stets auf dem neuesten Stand der Erkenntnisse sein und das kostet viel Zeit und Energie, oder er läuft ständig Gefahr, von aktuellen, ihm unbekannten Neuerungen überrascht zu werden. Persönlich würde ich aus diesen Gründen von Modevarianten lieber Abstand nehmen.

Schlußwort:
Auf meine Person bezogen habe ich die Verwirklichung der genannten Punkte in diesem Buch ausführlich dokumentiert, zwar auf die Gefahr hin, damit viele meiner eigenen Schachgeheimnisse preisgegeben zu haben, aber dennoch in der Hoffnung, daß es mir gelungen ist, anderen Schachfreunden Denkanstöße zu vermitteln.

Partie Nr. 33

Robatsch-Verteidigung

Weiß: Budde
Schwarz: Feustel

Open – Porz 10. 8. 1981

1.	d2–d4	g7–g6
2.	c2–c4	Lf8–g7
3.	Sb1–c3	d7–d6
4.	e2–e4	Sb8–d7
5.	Lc1–e3	e7–e6
6.	Dd1–d2	h7–h6
7.	f2–f3	Sg8–e7
8.	Sg1–h3[1]	a7–a6
9.	Lf1–e2	e6–e5
10.	f3–f4	e5xd4
11.	Le3xd4	Sd7–f6
12.	Sh3–f2	0–0
13.	g2–g4	Se7–c6
14.	Ld4–e3	Tf8–e8
15.	h2–h4	b7–b5[2]
16.	c4xb5	a6xb5
17.	Le2xb5	Dd8–d7[3]

Vladimir Budde, SG Bochum

18.	f4–f5[4]	Lc8–a6
19.	Lb5–a4[5]	La6–c4[6]
20.	Th1–h3	Ta8xa4
21.	Sc3xa4	Sf6xe4
22.	Sf2xe4	Te8xe4
23.	Sa4–c5	Dd7–e7
24.	Sc5xe4	De7xe4[7]

Stellung nach dem 17. Zug von Schwarz:

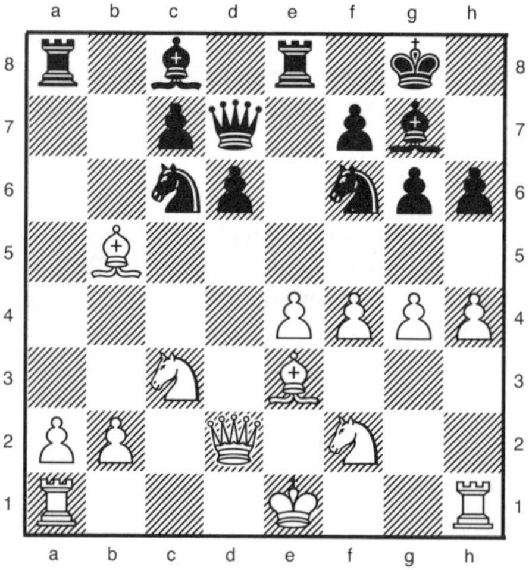

Stellung nach dem 24. Zug von Schwarz:

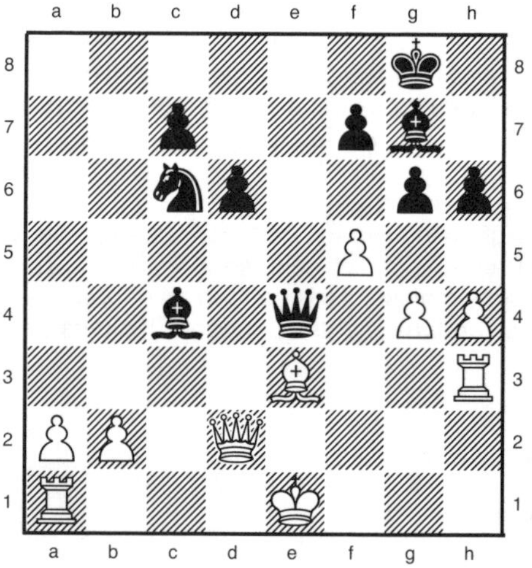

25.	f5–f6	Lg7xf6
26.	Dd2–f2	De4xg4
27.	Df2–f3	Dg4–e6[8]
28.	0–0–0	Sc6–e5
29.	Df3–a8+	Kg8–h7
30.	Th3–g3	Se5–d3+
31.	Kc1–b1[9]	Sd3–b4
32.	Tg3–f3	Lc4–d5

Weiß gibt auf!

Kommentare:

1 Dies ist eine eigenwillige, aber durchaus plausible Entwicklungsmethode für den Springer, der von h3 aus über f2 oder über f4 ins Spielgeschehen eingreifen kann.

2 Wenn Schwarz weiter in Passivität verharrt, wird er über kurz oder lang am Königsflügel zusammengeschoben. Gegenspiel muß also sein, und das damit verbundene Bauernopfer muß in Kauf genommen werden.

3 Natürlich nur so. Der Läufer c8 ist dazu bestimmt, über a6 ins Gefecht einzugreifen.

4 Dies ist ein Zug von zweifelhaftem Wert. Die Schwächung des Feldes e5 hätte Weiß vielleicht besser vermeiden sollen.

5 Es ist schwer verständlich, warum Weiß nicht die Gelegenheit ergreift, den schwarzen Läufer a6 zu eliminieren. Da dieser in der Folge Einfluß auf die Felder e2 und f1 im Bereich der weißen Majestät haben wird, stellt er doch zumindest eine latente Bedrohung dar.

6 Die Absicht ist unschwer zu erraten: Der Turm will sich auf a4 opfern, um den schwarzen Leichtfiguren dynamisches Zusammenspiel zu ermöglichen.

7 Die jetzt entstandene Position ergab sich forciert aus der vorausgegangenen, erzwungenen Zugfolge. Beide Spieler hatten diese Stellung angestrebt und beide waren der Überzeugung, hiermit eine jeweils für sich vorteilhafte Position herbeigeführt zu haben. Die Unterschiede im gegensätzlichen Positionsverständnis sind von entscheidender Bedeutung und sollen deshalb näher erläutert werden. Weiß steht besser unter Zugrundelegung einer rein materialistischen Stellungsbeurteilung. Zwei Mehrqualitäten schlagen für Weiß zu Buche. Einen Materialrückgewinn kann Schwarz nicht unmittelbar herbeiführen. Zudem ist Weiß am Zug und kann somit weitere Vorsichtsmaßnahmen treffen.
Schwarz steht vorteilhaft unter Zugrundelegung einer dynamischen Stellungsbeurteilung, die der Beweglichkeit und der Einsatzbereitschaft der Figuren das Hauptgewicht einräumt.
Alle schwarzen Figuren (das Läuferpaar vor allem) entfalten ihre maximale Wirksamkeit. Demgegenüber stehen die weißen Figuren unharmonisch und ohne jegliches Zusammenspiel. Die weißen Türme nehmen am Spielgeschehen kaum Anteil, und der Läufer e3 steht in einer unangenehmen Fesselung. Der weiße König kann gejagt werden; wohin er sich auch immer wenden mag, stets bleibt er im Wirkungsbereich der feindlichen Leichtfiguren.
Zusammenfassend läßt sich zur Stellungsbewertung vielleicht folgendes sagen: Wahrscheinlich ist weder die materialistische noch die dynamische Stellungsbeurteilung für sich allein in der Lage, den Gegebenheiten voll gerecht zu werden. Die Wahrheit liegt wohl wie so oft in der Mitte, und unter Berücksichtigung aller Stellungsmerkmale dürfte die Position wohl als in etwa ausgeglichen beurteilt werden, wobei freilich am Analysebrett oder unter den Bedingungen einer Fernpartie ein weißer Verteidigungsplan viel leichter gefunden werden könnte, als unter dem Zeitdruck einer regulären Wettkampfpartie. In der Folge zeigt sich, daß Weiß den richtigen Weg verfehlt und bald ins Straucheln gerät.

8 Daß Schwarz seine Dame nicht dem Abtausch stellen darf, ist klar, aber auch der verlockende Zug 27. –Lh4:+ wäre wegen 28. Kd2 unvorteilhaft.

9 Am ganzen Brett findet der weiße König keinen Zufluchtsort mehr. Die dominierenden schwarzen Leichtfiguren lassen ihn nirgends zur Ruhe kommen.

Partie Nr. 34

Robatsch-Verteidigung

Weiß: IGM Sosonko
Schwarz: Feustel

8. 11. 1981 – Bundesliga

1.	d2–d4	g7–g6
2.	c2–c4	Lf8–g7
3.	Sb1–c3	d7–d6
4.	e2–e4	Sb8–d7
5.	Sg1–f3	e7–e6
6.	Lf1–e2	Sg8–e7
7.	0–0	0–0
8.	Tf1–e1	b7–b6
9.	Lc1–f4	Lc8–b7

Stellung nach dem 13. Zug von Schwarz:

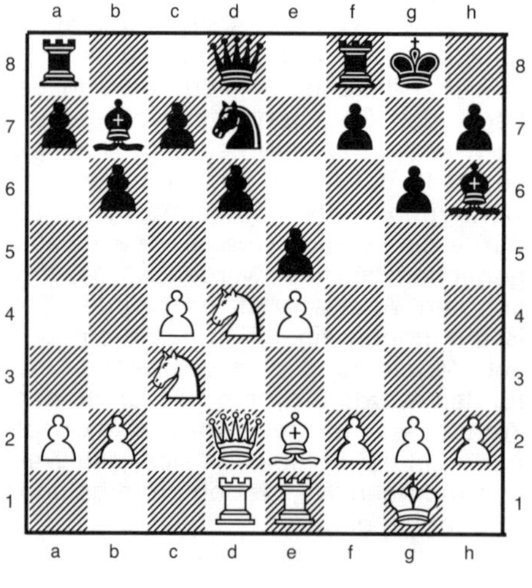

10.	Dd1–d2	e6–e5[1]
11.	Lf4–h6	Se7–c6
12.	Ta1–d1[2]	Sc6xd4[3]
13.	Sf3xd4	Lg7xh6
14.	Dd2xh6	e5xd4
15.	Td1xd4	Dd8–f6
16.	Te1–d1	Tf8–e8
17.	Sc3–d5	Lb7xd5
18.	c4xd5	Sd7–c5
19.	f2–f3	a7–a5[4]
20.	b2–b3	Te8–e5
21.	Le2–b5	Te5–h5
22.	Dh6–d2	Ta8–f8
23.	Dd2–f2	Th5–e5
24.	Df2–c2	Df6–f4
25.	Dc2–c1	Df4xc1
26.	Td1xc1	f7–f5
27.	e4xf5	Tf8xf5
28.	Lb5–c4	Kg8–g7
29.	Kg1–f2	b6–b5
30.	Lc4xb5	Te5xd5
31.	Td4xd5	Tf5xd5
32.	Tc1–c2	Kg7–f6
33.	Lb5–e2	Sc5–e6
34.	Le2–c4	Td5–c5
35.	Tc2–d2	Tc5–e5
36.	g2–g3	Se6–c5
37.	Lc4–d5	Sc5–d7
38.	f3–f4	Te5–e7
39.	Ld5–c6	Sd7–c5
40.	Td2–d4	h7–h6

Remis!

Kommentare:

1 Da es Schwarz versäumt hat, rechtzeitig h7–h6 zu spielen, muß er diese Partie nun notgedrungen anders anlegen, als geplant.

2 Dieser Zug ist vielleicht nicht ganz präzise. Sofortiges Lg7: hätte dem Schwarzen mehr zu schaffen gemacht.

3 Schwarz ergreift die Gelegenheit, alle gefährlichen feindlichen Leichtfiguren zum Abtausch zu zwingen.

4 Nachdem dem Springer das Stützpunktfeld c5 gesichert ist, braucht sich Schwarz im folgenden keine allzugroßen Sorgen mehr zu machen. Obgleich der Anziehende noch einige Male versucht, das Gleichgewicht zu erschüttern und das Ruder an sich zu reißen, bleibt die Remisbreite doch stets gewahrt.

Partie Nr. 35

Robatsch-Verteidigung im Anzug

Weiß: Feustel
Schwarz: IGM Dr. Pfleger

6. 12. 1981 – Bundesliga

1.	g2–g3[1]	d7–d5
2.	Lf1–g2	Sg8–f6
3.	d2–d3	c7–c5
4.	Sb1–d2	Sb8–c6
5.	e2–e3	e7–e5
6.	Sg1–e2	Lf8–e7
7.	0–0	0–0
8.	b2–b3	Tf8–e8
9.	Lc1–b2	Le7–f8

Stellung nach dem 14. Zug von Schwarz:

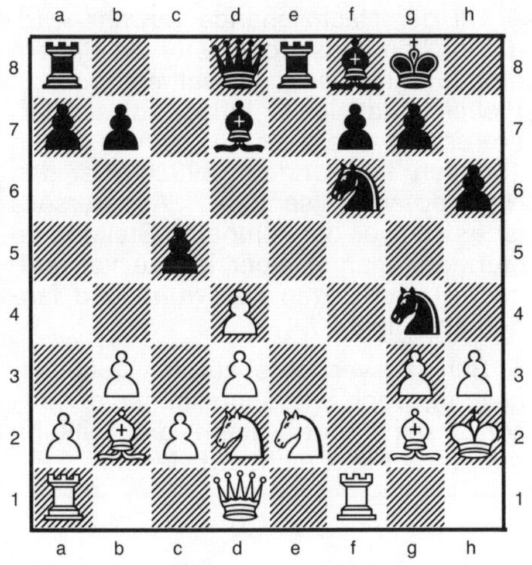

10.	h2–h3	h7–h6
11.	Kg1–h2	Lc8–d7
12.	f2–f4[2]	d5–d4[3]
13.	f4xe5	Sc6xe5
14.	e3xd4	Se5–g4+[4]
15.	h3xg4	Sf6xg4+
16.	Kh2–g1	Sg4–e3
17.	Dd1–e1	Se3xg2[5]
18.	Kg1xg2	Ld7–g4
19.	Sd2–f3	c5xd4
20.	De1–d2	Lf8–b4
21.	Dd2–d1	Dd8–d5

Stellung nach dem 21. Zug von Schwarz:

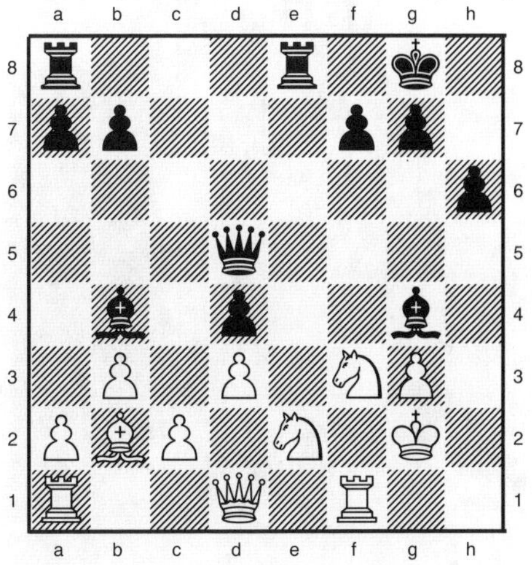

22.	Lb2xd4	Te8–e7
23.	c2–c3	Lb4–d6
24.	Dd1–d2	Ta8–e8
25.	Ta1–e1	f7–f5
26.	Se2–g1	f5–f4
27.	Te1xe7	Te8xe7
28.	g3xf4	Te7–e6
29.	Ld4–e5	Te6–g6
30.	Kg2–f2	Ld6–e7
31.	Dd2–e3	Lg4–f5
32.	Tf1–d1	Kg8–h7
33.	Sg1–e2	Dd5–d8

34.	Se2–g3	Lf5–g4
35.	f4–f5	Tg6–a6
36.	a2–a4	Le7–f6
37.	Le5xf6	Ta6xf6
38.	De3–d4	

Schwarz gibt auf!

Großmeister Dr. Helmut Pfleger in der Spielsaison 81/82 noch für den SC Bamberg aktiv, verhalf im darauffolgenden Jahr als Spitzenspieler dem FC Bayern München zum deutschen Meistertitel.

Kommentare:

1 Weiß hat sich der Ratschläge entsonnen, die er selbst im Buch auf Seite 50 gibt. Wenn ihm das Hippopotamus schon als Nachziehender gute Dienste leistet, warum dann nicht auch mit Weiß.

2 Mit diesem thematischen Vorstoß beginnen nach abgeschlossener Entwicklung häufig die Kampfaktionen.

3 Die gewählte Entgegnung d5–d4 hat Licht- und Schattenseiten. Schwarz rechnete wohl mit der Abriegelung des Zentrums, wonach sein Spiel sicher sehr bequem gewesen wäre. Wie es nach 12.–e5xf4 am Brett weitergegangen wäre, ist eine hypothetische Frage, die im nachhinein kaum mehr zu beantworten ist. Sicherlich nicht so, wie es eine abwegige Analyse in den Deutschen Schachblättern vorschlägt; der zu Folge 13. ef4: g6 14. Lf6: Df6: 15. Ld5: Sb4 16. Le4 Db2 in Betracht zu ziehen wäre. Gewiß hätte der Anziehende die mühsam geöffnete f-Linie nicht ohne weiteres sogleich wieder abgeriegelt, sondern vielmehr zwischen den Fortsetzungen Sf4: und Lf6: gewählt, welche beide zu abenteuerlichen und komplizierten Verwicklungen führen könnten.

4 Da der Nachziehende gewahr wird, daß er kompensationslos einen Bauern einbüßt, greift er zu Gewaltmethoden.
Vielleicht hat sich Dr. Pfleger dieser Partie erinnert, als er in seinem Buch „Schach TV-Worldcup 1982" über den Hippopotamus schrieb: „Andererseits ist es schwer die kompakte Stellung zu stürmen; manch einer kehrte von solchem Unterfangen waidwund und lendenlahm heim."

5 Schwarz verzichtet auf den Qualitätsgewinn, doch wie auch immer er fortsetzt, sein Angriff kann die tollkühn geopferte Figur nicht aufwiegen.

Partie Nr. 36

Robatsch-Verteidigung

Weiß: IGM Dr. Hübner
Schwarz: Feustel

7. 2. 1982 – Bundesliga

1.	e2–e4	g7–g6
2.	d2–d4	Lf8–g7
3.	c2–c4	d7–d6
4.	Sb1–c3	Sb8–d7
5.	Lc1–e3	e7–e6
6.	Dd1–d2	h7–h6
7.	f2–f4	Sg8–e7
8.	Sg1–f3	0–0
9.	Lf1–d3	f7–f5[1]
10.	h2–h3	c7–c5
11.	g2–g4	

Großmeister Dr. Hübner (6–11–48) Sieger im 17. Schachfestival Biel 1984 zus. mit Hort. Hübner brauchte 144 Züge, um in der Schlußrunde GM Ftačnik zu bezwingen.

Stellung nach dem 11. Zug von Weiß:

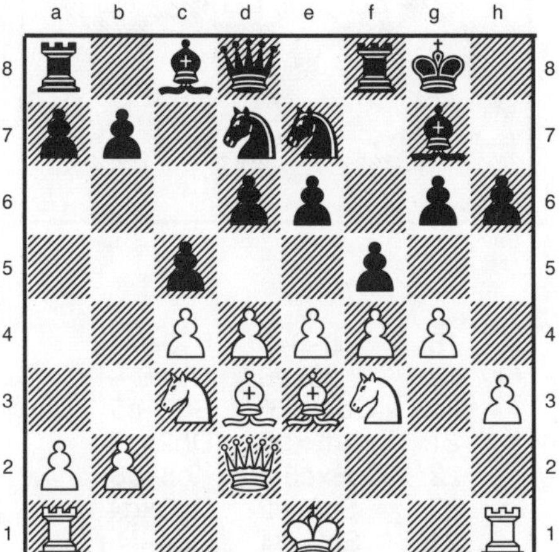

11.	...	c5xd4
12.	Sf3xd4	Sd7–c5
13.	g4xf5	e6xf5
14.	0–0–0	f5xe4
15.	Sc3xe4	Se7–f5
16.	Ld3–c2	Dd8–b6[2]
17.	Se4–c3	

Stellung nach dem 17. Zug von Weiß:

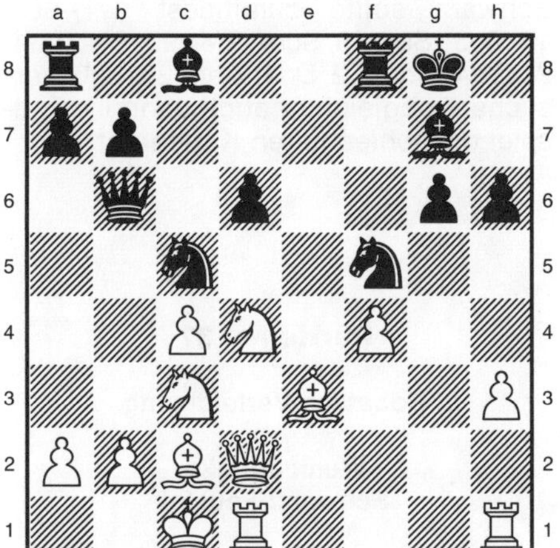

17.	...	Tf8–e8[3]
18.	Le3–f2	Db6–b4
19.	Th1–g1	Db4xc4
20.	Tg1xg6	Kg8–f7
21.	Sd4xf5	Lc8xf5
22.	Lc2xf5	Lg7xc3
23.	Dd2xc3	Dc4xf4+

24.	Td1–d2	Te8–e5
25.	Lf5–c2	Ta8–e8
26.	Tg6–g4	

Schwarz gibt auf!

Kommentare:

1 Erforderlich, um einem gelegentlich drohenden f4–f5 Vorstoß vorzubeugen.

2 Die Dame hat auf dem Feld b6 eigentlich nichts verloren. Sie fehlt später im Zentrum und bei der Verteidigung. Gegen die lange Rochade ist meist besonders schwer anzukämpfen, da die gewohnten Pläne hier versagen und das Sich-Einstellen auf den selteneren Stellungstypus mitunter viel Bedenkzeit kostet.

3 Dies ist schon der endgültige Verlustzug, weil der Läufer nun Gelegenheit erhält, sich dem Tausch zu entziehen. Schwarz sollte zumindest 17. –Se3: 18. De3: Se6 19. Sce2 Tf4: 20. Sf4: Ld4: 21. Td4: Dd4: 22. Dd4: Sd4: 23. Lg6: versuchen, obgleich er auch dann im Endspiel die schlechteren Karten hat.

Partie Nr. 37

Robatsch-Verteidigung

Weiß: Juhnke
Schwarz: Feustel

25. 4. 1982 – Bundesliga

1.	d2–d4	g7–g6
2.	c2–c4	Lf8–g7
3.	e2–e4	d7–d6
4.	Sb1–c3	Sb8–d7
5.	Lc1–e3	e7–e6
6.	Dd1–d2	h7–h6
7.	f2–f4	Sg8–e7
8.	Sg1–f3	a7–a6[1]
9.	Lf1–d3	b7–b6
10.	Th1–g1[2]	Lc8–b7
11.	g2–g4	c7–c5
12.	f4–f5	Se7–c6[3]
13.	Dd2–f2	c5xd4
14.	Sf3xd4	Sc6xd4
15.	Le3xd4	Lg7xd4
16.	Df2xd4	Dd8–h4+[4]
17.	Tg1–g3	Dh4xh2

Stellung nach dem 17. Zug von Schwarz:

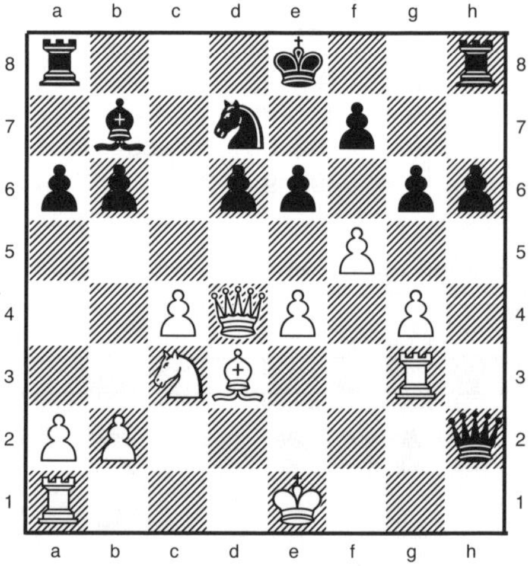

18.	0–0–0	0–0–0
19.	f5xe6	f7xe6
20.	Dd4xd6[5]	Sd7–c5
21.	Dd6xb6	Dh2xg3
22.	Db6xc5+	Kc8–b8
23.	Sc3–e2	Dg3xg4
24.	Se2–d4	Dg4–f4+
25.	Td1–d2	Df4–d6[6]

Weiß gibt auf!

Kommentare:

1 Von Schachfreund Juhnke ist bekannt, daß er sich mit äußerster Gewissenhaftigkeit und Akribie auf jede Partie vorbereitet. Es stand also außer Zweifel, daß er die zwei Monate zuvor gespielte Partie Dr. Hübner–Feustel aufs Genaueste kannte und möglichst nachzuahmen versuchen würde.
Wie aber soll man sich dann als Schwarzspieler verhalten? Auf den Hippopotamus verzichten und eine Allerweltseröffnung spielen? Nun, das wäre wohl möglich, doch wollte ich meinem alten Flußpferd nicht untreu werden. Also vorerst mittels Rochadeverzicht abwarten, was sich tun wird.

2 Dieser Zug wäre zweckmäßig, wenn Schwarz schon kurz rochiert hätte. Da dies aber nicht der Fall ist, geht die Juhnkesche Vorbereitung ins Leere.

3 Das Zentralfeld d4 wird unter Beschuß genommen.

4 Schwarz hat sämtliche Eröffnungsprobleme gemeistert und steht im frühen Mittelspiel recht gut. Einen etwaigen Damentausch braucht man hier nicht zu befürchten, denn nach 17. Df2 Df2:+ 18. Kf2: Se5 nebst 19. –Tc8 bekommt Schwarz das weit günstigere Endspiel.

5 Dieses Nehmen auf d6 erweist sich in der Partie als unzureichend, wie sich aber ggf. aus der Abseitsstellung der schwarzen Dame hätte Kapital schlagen lassen, ist nicht ersichtlich.

6 Nach erzwungenem Damentausch hat Weiß keine Schwindelchancen mehr.

Partie Nr. 38

Robatsch-Verteidigung

Weiß: Balogh, Ungarn
Schwarz: Feustel, BRD

Internationales Schachfestival
Hamburg, Sommer 1982

1.	d2–d4	g7–g6
2.	c2–c4	Lf8–g7
3.	Sg1–f3	d7–d6
4.	Sb1–c3	Sb8–d7
5.	e2–e4	e7–e6
6.	Lf1–e2	Sg8–e7
7.	0–0	0–0
8.	Tf1–e1	b7–b6
9.	b2–b3	h7–h6
10.	Lc1–b2	Lc8–b7
11.	Le2–f1	f7–f5[1]
12.	e4–e5[2]	Lb7xf3
13.	Dd1xf3	d6xe5
14.	d4xe5	Sd7xe5

Stellung nach dem 14. Zug von Schwarz:

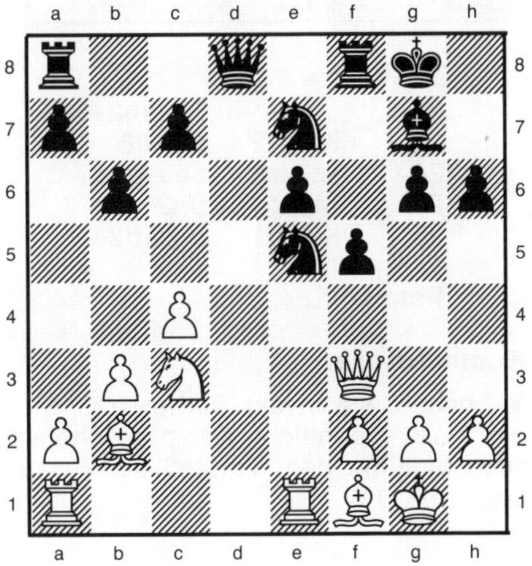

15.	Df3–e2	Se7–c6[3]
16.	Sc3–b5	f5–f4
17.	f2–f3	Tf8–f5[4]
18.	Ta1–d1	Dd8–e7
19.	De2–e4	Ta8–f8[5]
20.	Lb2–a3	De7–h4
21.	Sb5xc7	Tf5–h5
22.	La3xf8[6]	

Stellung nach dem 22. Zug von Weiß:

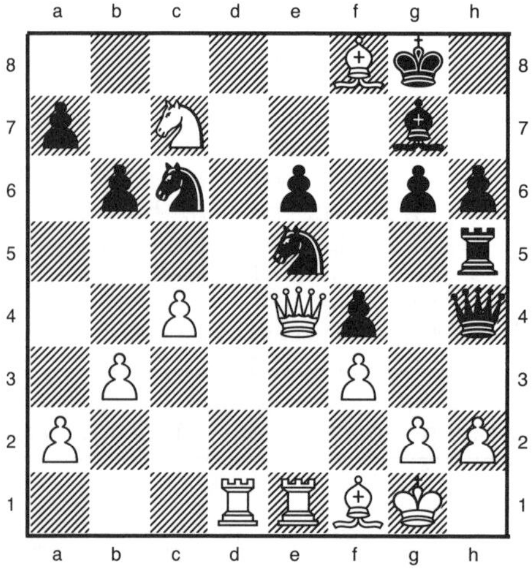

22.	...	Dh4xh2+[7]
23.	Kg1–f2	Lg7xf8
24.	Sc7xe6	Se5–g4+
25.	f3xg4	Dh2–g3+
26.	Kf2–g1	Dg3–h2+

Remis!

Kommentare:

1 Ebenso wie in der Partie Nr. 35 beginnt das eigentliche Kampfgeschehen auch hier mit dem Vorstoß des f-Bauern.

2 Mit diesem Zug opfert Weiß einen Bauern. Er bekommt dafür Druckspiel in der e-Linie und kann den schwarzen Bauern e6 als rückständige Angriffsmarke fixieren.

3 Allzugerne möchte sich dieser Springer auf dem Zentralfeld d4 einnisten, doch Weiß läßt es dazu selbstverständlich nicht kommen.

4 Der Punkt e5 soll stabilisiert werden.

5 Schwarz beabsichtigt seine Stellungsprobleme durch ein Qualitätsopfer zu lösen.

6 Dies ist die Stellung, die der Nachziehende ins Auge gefaßt hatte. Mit dem Gefühl, daß es hier einen durchschlagenden Angriffsplan für Schwarz geben müßte, hatte er auch durchaus recht, nur leider wurde der forcierte Weg am Brett nicht gefunden. Erst in nachträglicher Analyse stellte sich heraus, wie Schwarz seinen Angriff zum Erfolg führen konnte:
22. –Sd4!!! gewinnt in allen Varianten.
Hier einige sehenswerte Abspiele:
22. –Sd4! 23. Dd4:? Sf3:+ 24. gf3: Dh2:+ Matt!
oder 22. –Sd4! 23. Td4: Sf3:+ 24. Df3: Ld4:+ 25. Te3 Le3:+
oder 22. –Sd4! 23. Td3 Dh2:+ 24. Kf2: Dg3+ 25. Kg1 Sdf3:+ 26. Tf3: Sef3:+ 27. Df3: Ld4+ 28. Te3 Le3:+ 29. De3: De3:+
oder 22. –Sd4! 23. Ld3 Sef3:+ 24. Kf1 Sh2:+ 25. Kg1 Sdf3+ 26. gf3: Dg3+ 27. Kh1 Sf1 Matt!
oder 22. –Sd4! 23. h3 Dg3!! 24. Td4: Sf3:+ 25. Df3: Ld4:+ 26. Kh1 Th3:+ 27. gh3: Dg1 Matt!

7 Nach diesem Fehlgriff ist die Partie nicht mehr zu gewinnen.

Partie Nr. 39

Robatsch-Verteidigung

Weiß: Herbrechtsmeier
Schwarz: Feustel

28. 11. 1982 – Bundesliga

1.	e2–e4	g7–g6
2.	d2–d4	Lf8–g7
3.	g2–g3[1]	d7–d6
4.	Lf1–g2	Sb8–d7
5.	Sg1–e2	Sg8–f6
6.	0–0	0–0
7.	a2–a4	Ta8–b8
8.	Sb1–d2	c7–c5
9.	d4–d5	b7–b6
10.	Se2–c3	a7–a6
11.	Dd1–e2	Sf6–e8
12.	Sd2–c4[2]	Se8–c7
13.	Lc1–g5	f7–f6[3]
14.	Lg5–d2	Sd7–e5
15.	Sc4–e3	f6–f5
16.	e4xf5[4]	g6xf5
17.	f2–f4	Se5–g6
18.	Sc3–d1	

Stellung nach dem 18. Zug von Weiß:

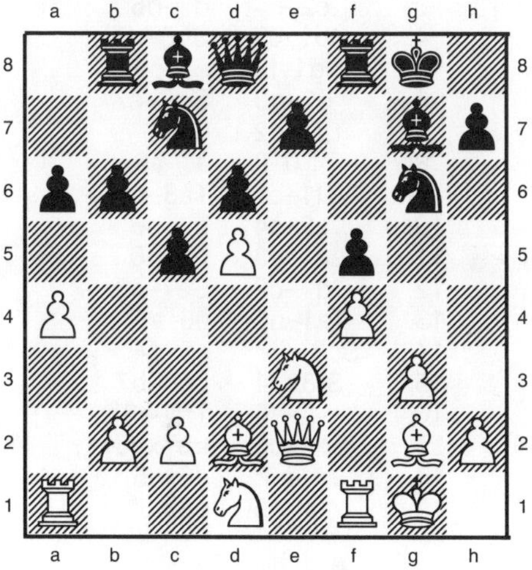

18.	...	e7–e5[5]
19.	d5xe6 e.p.	Sc7xe6[6]
20.	Lg2–d5	Dd8–e7[7]
21.	Tf1–e1	Kg8–h8
22.	Se3xf5[8]	Tf8xf5
23.	Ld5xe6	Lg7–d4+
24.	Ld2–e3	Sg6xf4[9]
25.	Le3xd4+	c5xd4

Stellung nach dem 25. Zug von Schwarz:

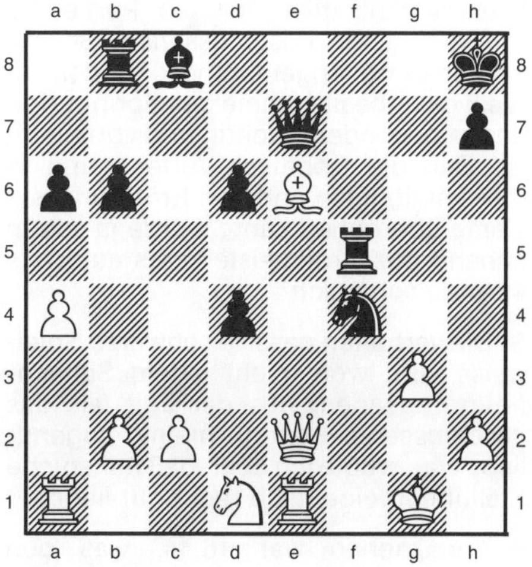

26.	g3xf4[10]	Lc8xe6
27.	De2xe6	De7–g7+
28.	Kg1–h1	Tb8–g8
29.	De6xg8+[11]	Dg7xg8
30.	Ta1–a3	Tf5xf4
31.	Ta3–g3	Tf4–g4
32.	Tg3–f3	Dg8–a8
33.	Te1–f1	Da8–e4
34.	c2–c3	d4–d3
35.	Sd1–e3	Tg4–f4
36.	Kh1–g2	d3–d2

Weiß gibt auf!

Kommentare:

1 In der Bundesligaspielsaison 1982/83 war diese Entwicklungsmethode des Läufers Mode. In vier aufeinanderfolgenden Partien wählten meine Partner einen Aufbau mit g3 und Lg2.
Während die Remispartien gegen Jörg Weidemann und Vlastimil Hort weniger bemerkenswert waren, sollen hier zumindest die beiden entschiedenen Partien zum Abdruck gebracht werden.

2 Zwischenzeitlich hat die Partie die Struktur einer geschlossenen Benoni Verteidigung angenommen, in der für Weiß die Inbesitznahme des Springerfeldes c4 besonders wichtig und vorteilhaft ist. Daß die Robatsch-Verteidigung in die vielfältigsten anderen Eröffnungssysteme übergehen kann, wurde ja schon anhand des Großmeisterzitats auf Seite 49 veranschaulicht.

3 Die verhalten passive schwarze Spielweise wird wohl nicht jedem Schachfreund zusagen. Aus der Zeit, als das geschlossene Benoni meine Jugendliebe war, wußte ich aber, daß mir solche Stellungen eigentlich recht gut liegen.

4 Vorzuziehen war 16. f4, was den schwarzen Springer nach f7 zurückzwingt.

5 Sehr verpflichtend und ehrgeizig gespielt. Der thematische Vorstoß b6–b5 andererseits könnte mit 19. Lc3 beantwortet werden und auch dann stellen sich schwierige Probleme.

6 Das ist ganz falsch. Nur Le6: hätte dem Schwarzen gutes Spiel garantiert.

7 Schwarz sollte sofort aus der Diagonalfesselung ziehen, obgleich auch dann nach 20.–Kh8 21. Le6: Le6: 22. Da6: ein Bauer verlorengeht.

8 Das ist bei korrektem Spiel der Gewinnzug für Weiß. Schwarz kann nur noch auf seine Schwindelchancen setzen.

9 In klarer Verluststellung sieht Schwarz hierin die einzige Chance, den Gegner noch aufs Glatteis zu führen.

10 Weiß greift wirklich daneben. Mit 26. Dg4 war der Sieg leicht sicherzustellen.

11 Weiß ist zum Damenopfer gezwungen und gerät damit auf die Verliererstraße. Nach 29. De2 Tf4: 30. h3 d3! wäre der schwarze Mattangriff schnell erfolgreich.

Partie Nr. 40

Robatsch-Verteidigung

Weiß: IGM Spasskij
Schwarz: Feustel

18. 12. 1982 – Bundesliga

1.	e2–e4	g7–g6
2.	d2–d4	Lf8–g7
3.	c2–c4	d7–d6
4.	Sb1–c3	Sb8–d7
5.	Sg1–f3	e7–e6
6.	g2–g3	Sg8–e7
7.	Lf1–g2	0–0
8.	0–0	a7–a6
9.	Tf1–e1	Ta8–b8
10.	a2–a4	b7–b6
11.	Lc1–e3	h7–h6
12.	Dd1–c2	Se7–c6
13.	Ta1–d1	e6–e5[1]
14.	Sc3–d5[2]	e5xd4
15.	Sf3xd4	Lc8–b7
16.	f2–f4	Tf8–e8
17.	Sd4xc6	Lb7xc6
18.	e4–e5[3]	d6xe5
19.	f4–f5	g6xf5[4]

Stellung nach dem 19. Zug von Schwarz:

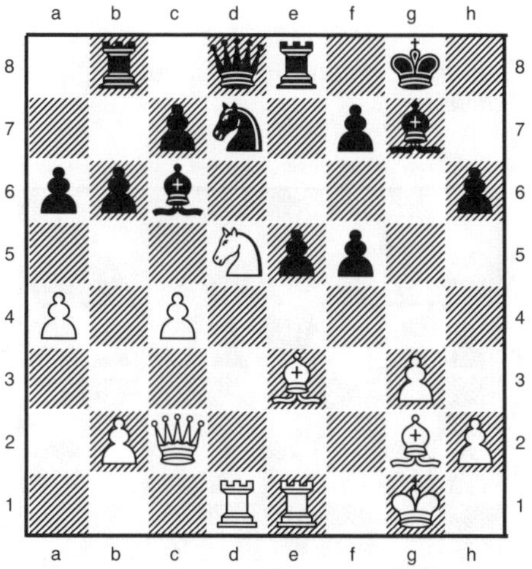

20.	Dc2xf5	Lc6xa4[5]
21.	Td1–d2	Te8–e6
22.	Te1–f1	Sd7–f6
23.	Df5–h3[6]	Te6–d6
24.	Sd5xf6+	Lg7xf6
25.	Td2xd6	Dd8xd6
26.	Lg2–d5	La4–e8[7]
27.	Dh3xh6	Lf6–g7
28.	Dh6–h5	Dd6–d7
29.	Le3–h6[8]	Lg7xh6
30.	Dh5xh6	b6–b5
31.	Dh6–g5+	Kg8–f8
32.	Dg5xe5	Tb8–b6
33.	De5–h8+	Kf8–e7
34.	Tf1–e1+	Ke7–d8
35.	c4–c5	Tb6–g6
36.	c5–c6	

Stellung nach dem 36. Zug von Weiß:

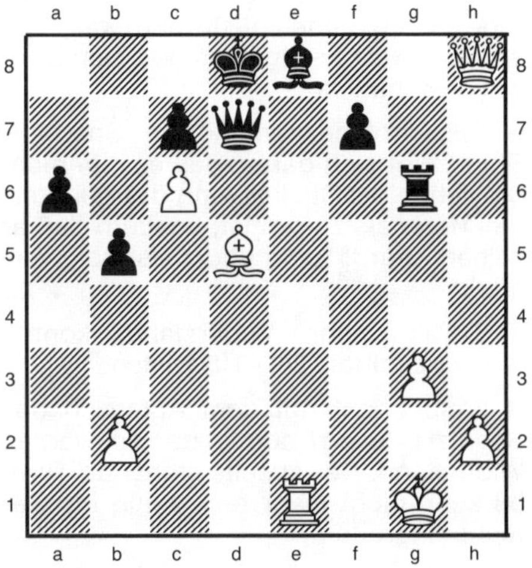

36.		Tg6xc6
37.	Te1xe8+	

Schwarz gibt auf!

Kommentare:

1 Schwarz unterschätzt an dieser Stelle die Gefahren, die von der Preisgabe des Feldes d5 ausgehen.

2 Schon bezieht der Springer auf d5 Quartier und übt Druck aus.

3 Weiß leitet unter vorübergehendem Bauernopfer einen nachhaltigen Angriff ein. Gleich wäre der Vorstoß f4–f5 kraftlos gewesen, weil das Feld e5 vom Verteidiger beherrscht würde. Nach dem vorbereitenden Bauernopfer bekommt der weiße Vorstoß weit größere Durchschlagskraft.

4 Andere Züge sind auch nicht chancenreicher.

5 Da die ungedeckte Stellung des Läufers auf c6 ohnehin störend war, hält sich Schwarz wenigstens noch am Bauern a4 schadlos.

6 Das großmeisterliche an Spasskijs Spiel zeigt sich daran, daß es ihm nicht um schnellen Rückgewinn des geopferten Materials zu tun ist, sondern daß er seinen Angriff ruhig und zielstrebig verstärkt.

7 Etwas mehr Widerstand konnte Schwarz mittels 26. –Tf8 leisten.

8 Weiß bricht mit dem Abtausch des Schutzläufers g7 den letzten schwarzen Widerstand. Der abseits stehende Turm b8 kann nicht mehr rechtzeitig ins Gefecht eingreifen.

Partie Nr. 41

Robatsch-Verteidigung

Weiß: IGM Dr. Pfleger
Schwarz: Feustel

16. 4. 1983 – Bundesliga

1.	d2–d4	g7–g6
2.	e2–e4	Lf8–g7
3.	Sg1–f3	d7–d6
4.	Lf1–e2	Sb8–d7
5.	0–0	e7–e6
6.	Sb1–c3	Sg8–e7
7.	Tf1–e1	0–0
8.	Le2–f1	b7–b6
9.	a2–a4	a7–a6
10.	Lc1–e3	h7–h6
11.	Dd1–d2	Kg8–h7
12.	Ta1–d1	Lc8–b7
13.	h2–h4	f7–f5[1]
14.	Le3–f4[2]	Sd7–f6[3]
15.	e4–e5	Sf6–e4
16.	Dd2–d3	Dd8–d7[4]
17.	Lf4–c1	Ta8–d8[5]
18.	e5xd6	Dd7xd6
19.	Sc3xe4[6]	f5xe4

Stellung nach dem 19. Zug von Schwarz:

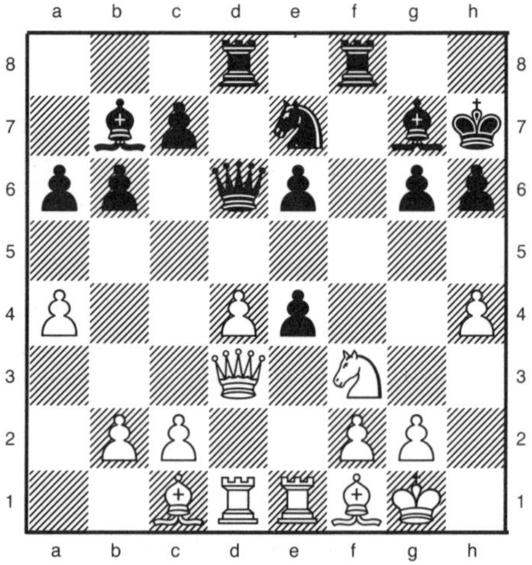

20.	Te1xe4	Lb7xe4
21.	Dd3xe4	Dd6–c6
22.	Td1–e1	Dc6xe4
23.	Te1xe4	Se7–f5
24.	c2–c3	Tf8–f6
25.	Lf1xa6	Sf5–d6
26.	Te4–e1	Td8–a8
27.	La6–d3	Ta8xa4
28.	h4–h5	Sd6–f5
29.	g2–g4	Sf5–e7
30.	Sf3–e5	Kh7–h8
31.	h5xg6	Se7–d5
32.	g4–g5	h6xg5
33.	Lc1xg5	Sd5–f4
34.	Lg5xf6	Lg7xf6
35.	Ld3–b5	Ta4–a2
36.	Se5–d3	Sf4xg6
37.	Te1xe6	Kh8–g7
38.	Kg1–g2	Ta2–a1
39.	Te6–e1	Ta1–a5
40.	Lb5–c6	Ta5–g5+

41.	Kg2–f1	Sg6–e7
42.	Lc6–e4	Se7–c8
43.	Sd3–f4	Tg5–b5
44.	b2–b4	

Schwarz gibt auf!

Während Weiß im Besitz des Läuferpaares und mit harmonischer Bauernstruktur stets die optimalen Spielpläne findet, kann sich Feustel mit der ihm ungelegenen Stellung überhaupt nicht anfreunden und begeht einen Fehler nach dem anderen.

Kommentare:

1 Wie schon in der vorausgegangenen Saison der Bundesliga (siehe Partie Nr. 35) diskutieren Dr. Pfleger und Feustel die Robatsch-Verteidigung und erneut steht dieser f-Bauern-Vorstoß zur Debatte.

2 Die Zentralspannung wird vorerst aufrechterhalten.

3 Druck gegen e4 soll den Weißen zu einer Erklärung zwingen.

4 Schwarz kann mit der Eröffnung zufrieden sein, beim Übergang ins Mittelspiel steht er gewiß nicht schlechter.

5 Der Nachziehende hatte hier verschiedene vielversprechende Möglichkeiten zur Verfügung. Bei der Überlegung der Varianten, die sich nach 17.–Sc3: bzw. nach 17.–d5 oder auch nach 17.–Dc6 ergeben könnten, hat Schwarz aber irgendwo den Faden verloren und nun diesen Wartezug gespielt, der den Gegner zur Initiative kommen läßt.

6 Dr. Pfleger erweist sich als der perfekte Psychologe. Zwar kann er mit dem Qualitätsopfer keinen objektiven Vorteil erzielen, doch gerät dadurch das Spiel aus dem gewohnten Geleise. Schwarz, der Stellungen mit vollem Brett bevorzugt, und diese zuvor mittels 17.–d5 auch hätte erreichen können, wird mit der Mehrqualität nicht froh. Die Verteidigung der vielen Felder- und Bauernschwächen (a6, e6, g6...) liegt ihm nicht.

Partie Nr. 42

Robatsch-Verteidigung

Weiß: Reichstein
Schwarz: Feustel

10. 3. 1984 – Bundesliga

1.	e2–e4	g7–g6
2.	d2–d4	Lf8–g7
3.	Sg1–f3	d7–d6
4.	Sb1–c3	Sb8–d7
5.	Lf1–c4	e7–e6
6.	0–0	a7–a6
7.	a2–a4	b7–b6
8.	Lc1–g5	Sg8–e7
9.	Dd1–d2	h7–h6
10.	Lg5–e3	Lc8–b7
11.	Tf1–e1[1]	g6–g5
12.	h2–h4[2]	g5–g4
13.	Sf3–h2	Sd7–f6
14.	e4–e5[3]	d6xe5
15.	d4xe5	Dd8xd2[4]
16.	Le3xd2	Sf6–d7
17.	Sh2xg4	h6–h5[5]
18.	Sg4–f6+	Sd7xf6
19.	e5xf6	Lg7xf6
20.	g2–g3	Se7–f5
21.	Lc4–d5	0–0–0
22.	Ld5xb7+	Kc8–b7
23.	Sc3–e4[6]	Lf6xb2
24.	Ta1–b1	Lb2–a3
25.	Ld2–g5	Td8–d5
26.	Lg5–f6[7]	Th8–g8
27.	Te1–d1	Tg8–g6
28.	Lf6–g5	La3–b2[8]

Stellung nach dem 17. Zug von Schwarz:

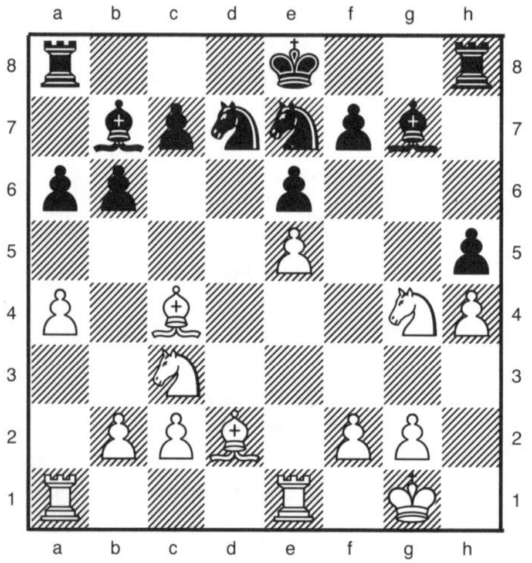

29.	Kg1–f1[9]	Td5xd1+
30.	Tb1xd1	f7–f6
31.	Lg5–d2	Kb7–c6
32.	a4–a5	Lb2–d4
33.	Ld2–b4	Tg6–g4
34.	Td1–e1	Kc6–d5
35.	Lb4–a3	b6–b5[10]
36.	Se4–d2	Ld4–c3

Weiß gibt auf!

Kommentare:

1 In solchen Positionen leistet der a-Turm meist mehr auf diesem Feld.

2 Sehr energisch und zupackend gespielt. Vorsichtiger war das bescheidene h2–h3.

3 Weiß erzwingt ein Abspiel, das letztendlich nur dem Gegner zu Gute kommt.
Wenn auch 14. f3 wenig vertrauenserweckend aussieht wegen 14. –g3 nebst 15. –Sh5, so war doch die Möglichkeit 14. Lf4 eine bei weitem flexiblere Fortsetzung.

4 Damentausch zu so frühem Zeitpunkt ist in dieser Eröffnung selten. In diesem konkreten Fall aber kann Schwarz nur damit Materialeinbußen abwenden.

5 Erzwingt die Eroberung des Bauern e5 und verspricht dem Schwarzen ein vorteilhaftes Endspiel.

6 Dieser Zug verliert zwar einen Bauern, doch auch sonst sieht sich Weiß einer prekären Lage gegenüber. Es drohte schließlich 23. –Sf5–d4 mit Angriff auf f3 und c2.

7 Auf dem Feld f6 sucht Weiß Kompensation für den geopferten Bauern.

8 Sichert das kritische Feld f6 ab.

9 Weiß sollte noch 29. c3 versuchen, um die Wirkung des schwarzen Läufers b2 zu reduzieren.

10 Trotz klaren Vorteils bestand für Schwarz noch die Gefahr zu straucheln, man sehe:
35. – Te4: ?? 36. c4+ Ke5 37. f4 Matt.
Der Nachziehende hat aber keine Lust verspürt an seinem eigenen Mattnetz mitzuknüpfen.

Das HIPPOPOTAMUS im Fernsehen

Wenn man davon hört, daß ein exotisches Tier über die Mattscheibe flimmert, so denkt man unwillkürlich an eine Sendung von Prof. Dr. Grzimek. Diese ist hierbei aber nicht gemeint.

Im Turnier um den TV-Worldcup 1982 hatte die Hippopotamus-Eröffnung gleich zweimal die Ehre im Rahmen der 10-teiligen Sendereihe in den Regionalprogrammen des Deutschen Fernsehens vorgestellt zu werden.

Da der Schachsport ansonsten im Fernsehen (und in den Medien überhaupt) eher stiefmütterlich behandelt wird, ist es zumindest ein erster Schritt, daß eine solche Veranstaltung wie der TV-Worldcup ins Leben gerufen wurde. Die Initiative ging seinerzeit von der BBC London aus, und es dauerte nicht lange, bis die Deutschen Regionalprogramme unter Federführung des NDR an dieser Sache Interesse zeigten. Neuerdings wird der Wettbewerb unter der Schirmherrschaft der FIDE durchgeführt, und es sind stets Spieler der absoluten Weltelite daran beteiligt.

Auch im Jahre 1982 haben zahlreiche Großmeister mitgewirkt, und es gab in den beiden Vorgruppen folgende Plazierungen:

Gruppe A		Gruppe B	
Karpow	4,5	Spasskij	5,5
Nunn	3,5	Timman	3
Bouaziz	2	Lobron	2
Seirawan	2	Torre	1,5

Das spannende Finale zwischen den Vorgruppensiegern endete 1 : 1, sodaß Partien mit verkürzter Bedenkzeit zwischen Karpow und Spasskij über den Turniersieg und über die Vergabe des 1. Preises entscheiden mußten. Sogar bei einer solch entscheidenden Begegnung vertraute Spasskij erneut auf die Hippopotamus-Eröffnung, hatte aber leider gegen den amtierenden Weltmeister das Nachsehen.

Partie Nr. 43

Robatsch-Verteidigung

Weiß: IGM Timman
Schwarz: IGM Spasskij

TV-Worldcup 1982

1.	e2–e4	b7–b6[1]
2.	d2–d4	Lc8–b7
3.	Lf1–d3	e7–e6
4.	Dd1–e2	d7–d6
5.	Sg1–f3	Sb8–d7
6.	c2–c4	g7–g6
7.	Sb1–c3	Lf8–g7
8.	Lc1–e3	Sg8–e7
9.	De2–d2	h7–h6

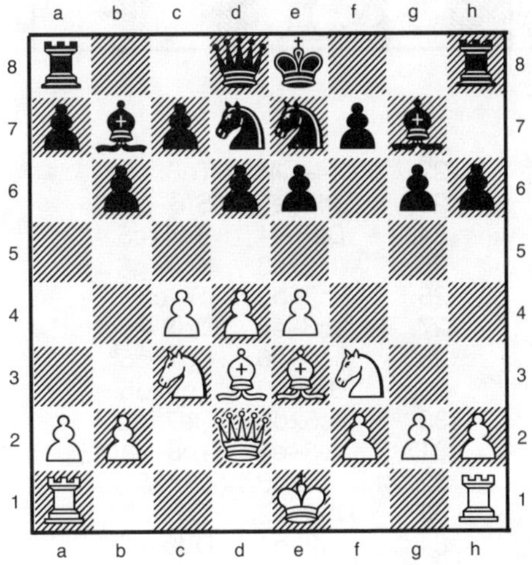

10.	0–0–0[2]	d6–d5[3]
11.	e4xd5	e6xd5
12.	Th1–e1	Ke8–f8[4]
13.	c4–c5[5]	Kf8–g8
14.	Ld3–c2	Sd7–f6
15.	Le3–f4	Se7–c6
16.	h2–h3	a7–a6
17.	Sf3–e5	b6xc5
18.	d4xc5	Sc6xe5
19.	Lf4xe5	Kg8–h7
20.	Dd2–f4	Ta8–c8
21.	Te1–e3	Th8–e8

Stellung nach dem 21. Zug von Schwarz:

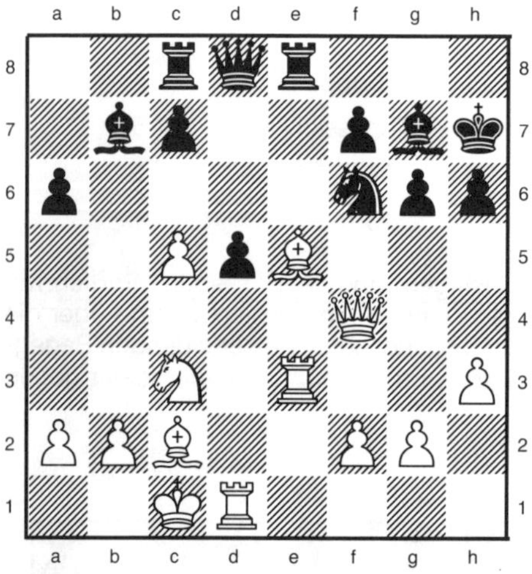

22.	Df4–d4[6]	Te8xe5[7]
23.	Dd4xe5	Sf6–g4
24.	De5–f4	Sg4xe3
25.	f2xe3	Kh7–g8
26.	Lc2–b3	c7–c6
27.	Sc3–e4	Dd8–e7
28.	Se4–d6	Lg7–e5[8]
29.	Df4xh6	Le5xd6
30.	c5xd6	De7xd6
31.	e3–e4	Tc8–e8
32.	e4xd5	c6xd5
33.	Dh6–d2	Te8–e5
34.	g2–g4	Dd6–e6
35.	Dd2–b4	Lb7–c6
36.	Db4–a5	Te5–e2
37.	Da5xa6	De6–e3+
38.	Kc1–b1	De3–e5[9]
39.	Lb3–c2	De5–e8
40.	h3–h4[10]	Lc6–b5
41.	Da6–b7	Lb5–c4
42.	b2–b3	Te2xc2[11]

Stellung nach dem 42. Zug von Schwarz:

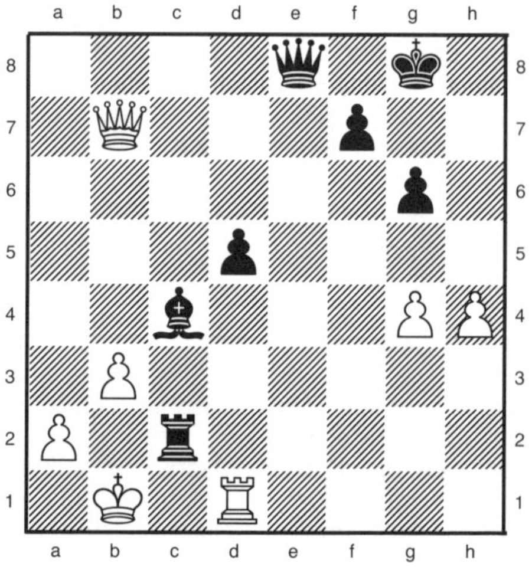

43.	Kb1xc2	De8–e2+
44.	Kc2–c1	De2–e3+
45.	Kc1–c2	De3–e2+
46.	Kc2–c1	De2–e3+

Remis!

Kommentare:

1 Welch unterschiedliche Beurteilung die beiden Kontrahenten diesem Zug zuteil werden lassen, wurde in den Fernsehkommentaren deutlich. Während Spasskij sinngemäß sagte: „Dieser Aufbau macht mir Spaß. Ich liebe diese neue Eröffnungsidee. Ich will eine zwar passive, aber starke Abwarteposition einnehmen." So äußerte sich Großmeisterkollege Timman demhingegen gerade umgekehrt: „Das ist eine angenehme Überraschung, denn ich halte diesen Zug für minderwertig."

2 Mit der langen Rochade behält sich Timman viele Möglichkeiten offen und erschwert dem Schwarzen das Auffinden eines vernünftigen Planes.

3 Hiermit erlaubt der Nachziehende dem Gegner die e-Linie zu öffnen. Es war gewiß schwer, im zehnten Zug den besten Plan ausfindig zu machen, aber Spasskijs Replik auf die lange Rochade scheint wohl nicht das Ei des Kolumbus gewesen zu sein.

4 Spasskij macht aus der Not eine Tugend und wandert mit seinem König aus der e-Linie. Eine mögliche Alternative wäre noch in 12.–dc4: 13. Lc4: Lf3: zu suchen gewesen.

5 Timman will sich Raumvorteil sichern und so dem Gegner seine Entfaltungsmöglichkeiten nehmen.

6 Bis zum 21. Zug hat Timman initiatives Druckspiel aufzuziehen versucht, ohne freilich etwas Zählbares damit erreicht zu haben. Nun läßt er mit seinem überhasteten Vorgehen den Schwarzen zum Gegenspiel kommen.

7 Die entscheidende Gelegenheit, um mit einem Scheinopfer den weißen Druck abzuschütteln und vollwertiges Spiel zu bekommen.

8 Indem Spasskij den weißen Vorpostenspringer d6 aus der Welt schafft, löst er seine letzten Stellungsprobleme.

9 Bekommt Timman im Zeitnotgefecht doch noch einmal eine Gewinnstellung? Nachdem Spasskij seinen Bauern a6 eingebüßt hat und auch auf der zweiten Reihe nicht zum Ziel kommt, könnte es fast so aussehen.

10 Timman sollte vielleicht nicht so schnell am Königsflügel mit seinen Bauern vorpreschen, sondern erst einmal der Absicherung seiner eigenen Königsstellung Beachtung schenken.

11 Mit diesem Opfer erreicht Spasskij gerade noch das rettende Remisufer durch Dauerschach. Die angespannte Bedenkzeit zwingt beide Spieler dazu, sich in das Unvermeidliche zu fügen. Wollte etwa Timman mittels 42.–Tc2: 43. Kc2: De2+ 44. Td2 Ld3+ 45. Kc3 aus dem Dauerschach entfliehen, so würde er nach 45.–d4+ einen ganzen Turm einbüßen.

Spasskijs Konkurrenten beim TV-Worldcup 1982
links: Großmeister Timman, Niederlande; rechts: Weltmeister Anatoli Karpov, UdSSR

Partie Nr. 44

Robatsch-Verteidigung

Weiß: Weltmeister Anatoli Karpow
Schwarz: IGM Spasskij

TV-Worldcup 1982

1.	e2–e4	d7–d6
2.	d2–d4	g7–g6
3.	Sb1–c3	Lf8–g7
4.	Sg1–f3	Sb8–d7
5.	Lf1–e2	e7–e6
6.	0–0	Sg8–e7
7.	Lc1–g5	h7–h6
8.	Lg5–e3	b7–b6
9.	a2–a4	a7–a5[1]
10.	Dd1–d2	Lc8–b7
11.	Sf3–e1[2]	f7–f5

Stellung nach dem 11. Zug von Schwarz:

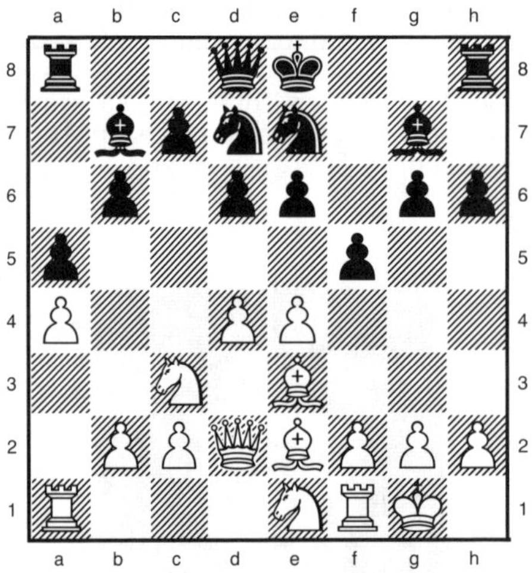

12.	f2–f3	Sd7–f6[3]
13.	Le2–b5+[4]	Lb7–c6[5]
14.	Lb5xc6+	Se7xc6
15.	d4–d5	e6xd5
16.	Sc3xd5	Sc6–e7
17.	c2–c4[6]	Ke8–f7

Stellung nach dem 17. Zug von Schwarz:

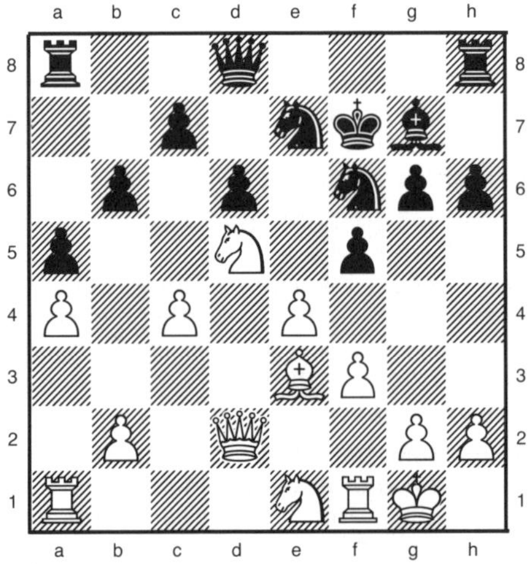

18.	Se1–d3	Dd8–d7
19.	Sd5xf6	Lg7xf6
20.	Le3xh6	Se7–c6
21.	Ta1–e1	Ta8–e8
22.	Lh6–g5	Lf6–d4+
23.	Lg5–e3	Dd7–e6
24.	Le3xd4	Sc6xd4
25.	Sd3–f4	De6xc4
26.	Te1–c1	Dc4xa4
27.	Tc1xc7+	Te8–e7
28.	Tc7xe7+	Kf7×e7
29.	Sf4xg6+	

1 : 0

Kommentare:

1 Dieser Zug ist nicht systemgerecht. Auf a5 hat der Bauer keine sinnvolle Aufgabe, von a6 aus würde er den gegnerischen Figuren den Zutritt zum Feld b5 verwehren.
Ein Grundgedanke der Robatsch-Verteidigung liegt ja gerade darin, möglichst alle Felder der fünften Reihe von Bauern überwachen zu lassen.

2 Karpov spielt, wie es für ihn typisch ist.
Kein unkalkulierbares Risiko eingehen, lieber zuerst seine Figuren in vollkommener Harmonie anordnen. Der Gedanke zu überstürzten Aktionen liegt ihm fern.
Sobald der Gegner sich eine Blöße gibt, ist es immer noch früh genug zum Losschlagen.

3 Spasskij wählt einen richtigen Plan, aber leider zum falschen Zeitpunkt. Natürlich ist das Druckspiel gegen e4 systemrichtig, doch sollte Schwarz an dieser Stelle vielleicht besser g6–g5 versuchen.

4 Dieser Zug ist stark und für den Nachziehenden sehr lästig. Schon jetzt rächt sich der schwarze Fehler von Zug 9, als Spasskij versäumt hat, mittels a6 dieses wichtige Feld unter Kontrolle zu nehmen.

5 Dieser Läufertausch führt zu großem Nachteil. Allein das sofortige Ausweichen mit dem König nach f7, wozu sich Spasskij schließlich erst im Zug 17 unter für ihn ungünstigeren Bedingungen durchringen konnte, ließ noch etwas Gegenspiel zu.

6 Von nun an ist Karpov eindeutig am Ruder und er läßt sich das Heft nicht mehr aus der Hand nehmen. Besonders in der Verwertung vorteilhafter Stellungen zeigt Karpov sein weltmeisterliches Format.

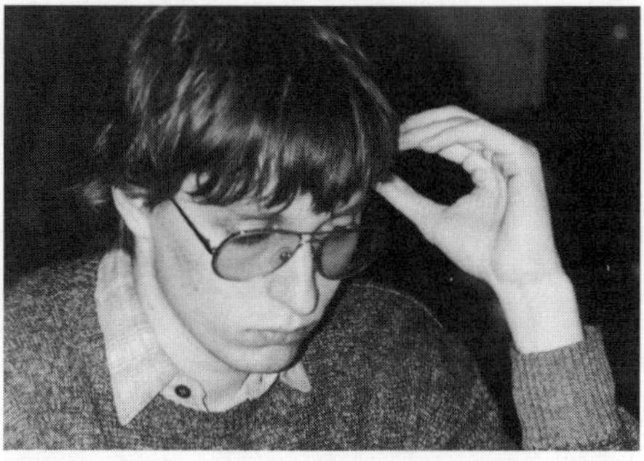
Stefan Kindermann, FC Bayern München

Partie Nr. 45

Robatsch-Verteidigung

Weiß: IGM Gufeld
Schwarz: IM Kindermann

Internationale Dortmunder Schachtage 1983

1.	e2–e4	g7–g6
2.	d2–d4	Lf8–g7
3.	Sb1–c3	d7–d6
4.	Lc1–e3	a7–a6
5.	Dd1–d2	b7–b5
6.	0–0–0	Lc8–b7
7.	f2–f3	Sb8–d7
8.	h2–h4	h7–h6
9.	Sg1–h3	e7–e6
10.	Sh3–f2	Sg8–e7
11.	h4–h5	g6–g5[1]
12.	g2–g3[2]	Sd7–b6
13.	f3–f4	g5–g4[3]
14.	d4–d5	b5–b4

Stellung nach dem 14. Zug von Schwarz:

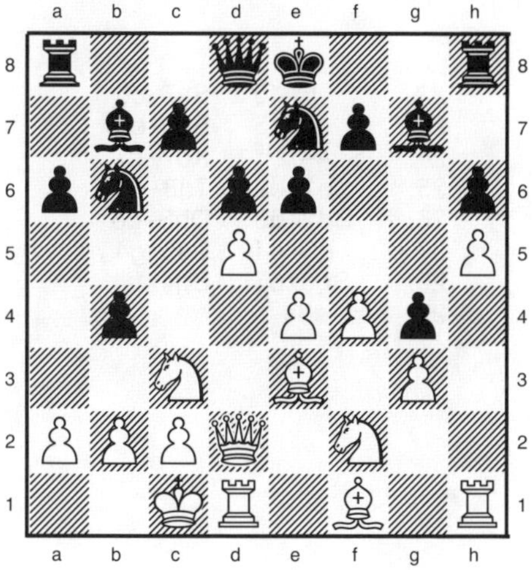

15.	Sc3–b1	e6xd5
16.	Le3–d4[4]	Th8–g8[5]

17.	Ld4xg7	Tg8xg7
18.	Lf1–g2	c7–c5[6]
19.	f4–f5[7]	Tg7–g5[8]
20.	Dd2–f4	Ke8–d7[9]
21.	Sf2xg4	Dd8–h8

Stellung nach dem 21. Zug von Schwarz:

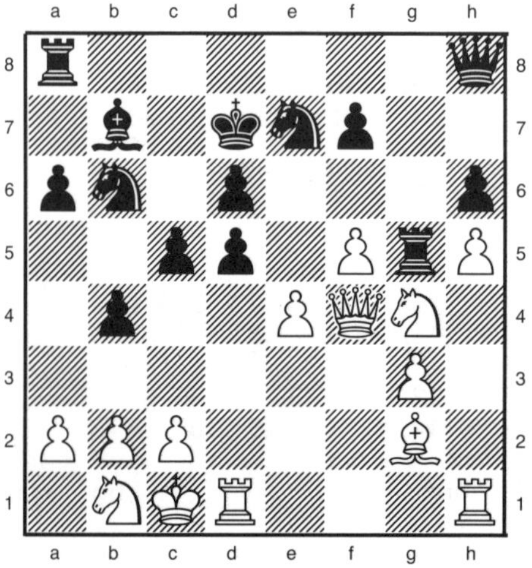

22.	f5–f6	Se7–c6
23.	e4xd5	Sc6–e5
24.	Sg4–f2[10]	Kd7–c7
25.	Sb1–d2	Ta8–e8
26.	Sd2–b3	Dh8–g8[11]
27.	g3–g4	Se5xg4
28.	Sb3xc5	Sg4xf2
29.	Sc5–e6+[12]	

Stellung nach dem 29. Zug von Weiß:

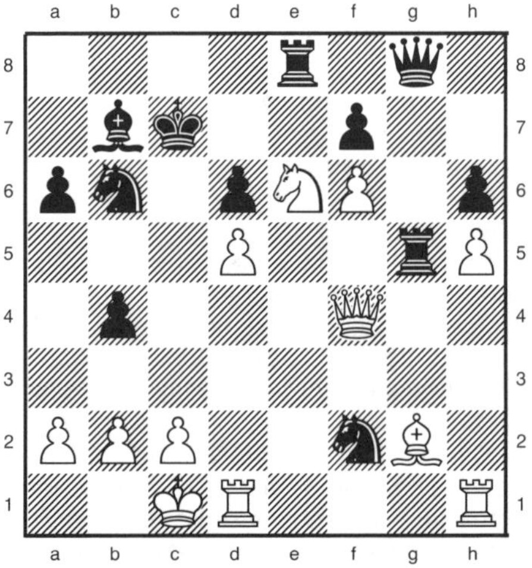

29.		Te8xe6
30.	d5xe6	Sf2xd1
31.	Th1xd1	Tg5–e5
32.	Df4xb4	Dg8–g5+[13]
33.	Kc1–b1	Te5xe6
34.	Lg2xb7	Kc7xb7
35.	a2–a4	a6–a5
36.	Db4–b3	Dg5–c5
37.	Db3–f3+	Kb7–a7
38.	Df3–f4	Dc5–b4
39.	Td1–d4	Db4–e1+
40.	Kb1–a2	De1–e5
41.	Df4–d2	De5–c5
42.	b2–b3	Te6xf6

Weiß gibt auf!

Kommentare:

1 Einige der deutschen Nachwuchsmeisterspieler haben die Robatsch-Verteidigung in ihr Eröffnungsrepertoire aufgenommen. Von Ihnen beherrscht der Internationale Meister Stefan Kindermann die Feinheiten dieses Systems wohl am virtuosesten. Da er sich dieses Aufbaus relativ selten bedient, hat er auch noch den Überraschungseffekt auf seiner Seite, wenn er – wie hier im Dortmunder Turnier – seinem Gegner ein Hippopotamus vorsetzt.

2 Die weißen Absichten stehen fest, nach vollzogener langer Rochade soll mit den Königsflügelbauern eine Aufrollung versucht werden.

3 Zu einer Linienöffnung will es Schwarz verständlicherweise hier nicht kommen lassen. Mit 13. –g4 betritt der Bauer zwar ein gefährdetes Feld, doch kann Weiß diesen vorerst wohl kaum schlagen. Nach 14. Sg4: b4 würde sich Schwarz am Zentrumsbauern schadlos halten.

4 Dies ist wohl der stärkste Zug des sowjetischen Großmeisters. Wie er richtig erkennt, kann er dem Schwarzen dann gefährlich werden, wenn der Läufer g7 abgetauscht ist. Die dunkelfarbigen Felder am schwarzen Königsflügel sind dann schwach und entbehren eines hinreichenden Figurenschutzes.

5 Stefan Kindermann findet noch die bestmögliche Ausrede. Da er an die kurze Rochade ohnehin nicht denken kann, aktiviert er seinen h-Turm und überdeckt damit g7 und indirekt auch g4.

6 Die Diagonalfelder c3, d4 und e5 sind unter Bewachung genommen. Das Fehlen des g7-Läufers ist für Schwarz dennoch sehr schmerzhaft.

7 Nachdem ihr der Zutritt zur Diagonale c3–h8 derzeit verwehrt ist, sucht sich die weiße Dame auf der Diagonale d2–h6 Betätigung.

8 Not macht erfinderisch.

9 Dieser Zug zeugt von den Kämpferqualitäten des jungen Stefan Kindermann. Obwohl er in Bedrängnis geraten ist, wirft er die Flinte nicht ins Korn. Der Königszug hat mehrere Funktionen zu erfüllen. Vor allem bahnt er der schwarzen Dame den Weg nach h8, von wo aus die Felderschwächen f6, h6, und e5 bewacht werden können. Weiterhin steht die Idee dahinter, dem eigenen König hinter der Bauernformation c5/d6 ein sicheres Versteck zu suchen.

10 Der Springer zieht sich zurück. Nach Abtausch auf e5 hätte Schwarz unter baldigem Rückgewinn des Bauern d5 seine Sorgen überstanden.

11 Jetzt ergreift Schwarz Maßnahmen in der g-Linie, um den materiellen Gleichstand wieder herzustellen.

12 In der aufkommenden Zeitnot wollen beide Spieler ihre taktischen Trümpfe ausspielen. Gufeld, der in dieser Stellung wohl seine Chancen überschätzt hat, wird durch die clevere Verteidigung seines Gegners immer mehr auf die Verliererstraße gedrängt.

13 Nachdem sich der Pulverdampf verzogen hat, zeigt sich, daß Schwarz mit einer Mehrfigur und mit gesicherter Stellung aus dem Kampfgetümmel hervorgeht. Stefan Kindermann hat den gegnerischen Angriffen mit großer Kaltblütigkeit und mit stoischer Gelassenheit standgehalten. Sein phantasievolles Spiel hat hervorragend gefallen.

Partie Nr. 46

Robatsch-Verteidigung im Anzug

Weiß: Gottardi, Schweiz
Schwarz: IM Karolyi, Ungarn

Ländervergleichskampf 1983

1.	g2–g3	d7–d5
2.	Lf1–g2	e7–e5
3.	d2–d3[1]	Sg8–f6
4.	Sb1–d2	c7–c5
5.	e2–e3	Sb8–c6
6.	Sg1–e2	Lc8–g4
7.	h2–h3	Lg4–e6
8.	a2–a3	Dd8–d7
9.	b2–b3	Lf8–d6
10.	Lc1–b2	0–0
11.	f2–f4	Dd7–c7
12.	0–0	b7–b5
13.	f4–f5[2]	Le6–d7
14.	g3–g4	d5–d4
15.	e3–e4	g7–g5
16.	Sd2–f3	h7–h6
17.	Dd1–e1	Sf6–e8
18.	h3–h4	f7–f6
19.	De1–g3	Kg8–g7
20.	Kg1–f2	Ld6–e7
21.	Tf1–h1	Se8–d6
22.	Th1–h2	Tf8–h8
23.	Ta1–h1	c5–c4
24.	Dg3–h3	Dc7–d8

Stellung nach dem 24. Zug von Schwarz:

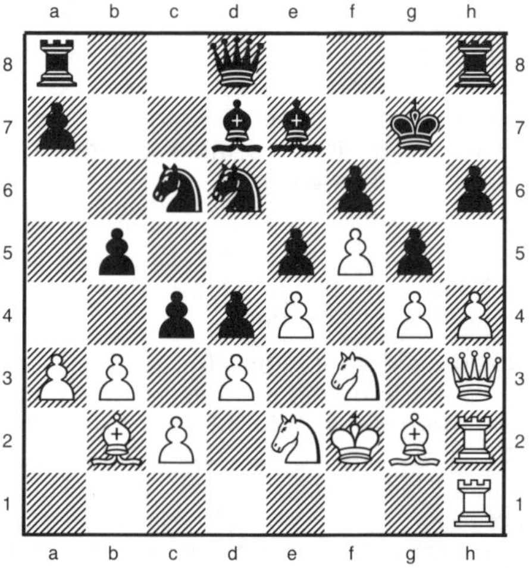

25.	h4xg5	h6xg5[3]
26.	Dh3–h7+[4]	

Schwarz gibt auf!

Kommentare:

1 Die Partie folgt in ihrer Anlage den Vorbildern von Nr. 13 und Nr. 35. Gottardo Gottardi, der zu den Schweizer Nachwuchshoffnungen zählt, wußte um den psychologischen Vorteil, den eine solche Eröffnungswahl im Zusammentreffen mit einem namhaften Gegner haben kann.

2 Der Bauernvormarsch erzielt Raumvorteil am Königsflügel und beugt frühzeitiger Vereinfachung vor.

3 Erst jetzt im Zug 25 kommt es zum ersten Abtausch und aufgrund des schwarzen Fehlgriffs auch gleich zum Partieschluß.

4 Natürlich läßt sich Weiß nicht zweimal bitten. Der Überfall auf den schwarzen König ist innerhalb weniger Züge entscheidend, man sehe: 26. Dh7+ Th7: 27. Th7:+ Kf8 28. Th8+ Kf7 29. T1h7 Matt!

Mit Eröffnungsforschern auf Entdeckungsfahrten

Aus dem großen Kreis derjenigen Schachfreunde, die sich um die Erforschung eröffnungstheoretischen Neulands besonders verdient gemacht haben, sollen abschließend noch einige zur Vorstellung gebracht werden. Die Kurzporträts sind in alphabetischer Reihenfolge angeordnet und begnügen sich damit, einen Hinweis auf den Forschungsschwerpunkt eines jeden zu geben.

Kurzporträt zu Partie Nr. 47

Stefan Bücker

Seit einiger Zeit tritt Stefan Bücker, der bei Nordwalde am Spitzenbrett der 2. Bundesliga West spielt, mit seinen sb-Analysen an die Öffentlichkeit. Diese im Selbstverlag erschienenen Bändchen behandeln die verschiedensten ausgefallenen Eröffnungsideen, z. B.: Den Geier, eine Spezialvariante der Benoni-Verteidigung, die mit den Anfangszügen 1. d4 Sf6 2. c4 c5 3. d5 Se4! charakteristische Stellungsbilder hervorbringt, die Nordwalder Variante und weitere ähnliche Eigenbausysteme.
Durch enorme Turniererfolge hat Stefan Bücker von sich reden gemacht. Mit einer Elozahl von derzeit 2415 Elopunkten hat er sich in die absolute Spitzengruppe der bundesdeutschen Rangliste vorgekämpft.

Partie Nr. 47

Weiß: Schönthier
Schwarz: Bücker

Nationale Deutsche Einzelmeisterschaft 1984 in Bad Neuenahr/Ahrweiler

1.	e2–e4	c7–c5
2.	Sg1–f3	h7–h6[1]

Stellung nach dem 2. Zug von Schwarz:

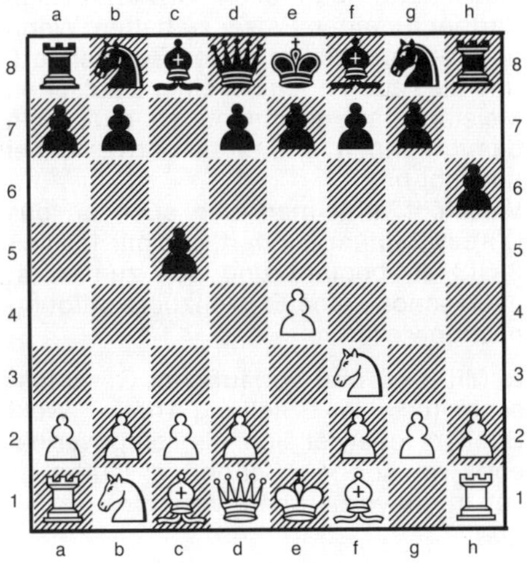

3.	d2–d4[2]	c5xd4
4.	Sf3xd4	Sg8–f6
5.	Sb1–c3	e7–e5
6.	Sd4–b5	d7–d6[3]
7.	Lc1–e3	a7–a6
8.	Sb5–a3	b7–b5
9.	Sc3–d5	Sb8–d7[4]
10.	c2–c4	b5–b4
11.	Dd1–a4[5]	Sf6xd5
12.	c4xd5	b4xa3
13.	b2–b4	Lf8–e7
14.	Lf1–b5	Le7–g5
15.	Lb5–c6	Lg5xe3
16.	Lc6xa8	Le3–d4
17.	Ta1–c1	0–0
18.	La8–c6	Dd8–g5
19.	0–0	Sd7–f6
20.	Da4xa3	Sf6xe4
21.	Lc6–a4	Lc8–g4
22.	La4–c2	Se4xf2
23.	Tf1xf2	Dg5–d2

Weiß gibt auf!

Kommentare:

1 Wenn einem jemand bei einem x-beliebigen Turnier diesen Zug vorsetzt, dann hätte man allen Grund, diesen Partner für einen Patzer zu halten. Wenn aber Stefan Bücker diesen Zug serviert, und dies auch noch bei einer Deutschen Meisterschaft geschieht, so muß man damit rechnen, daß er sich etwas dabei gedacht hat.
Vielleicht fühlt man sich auch an das O'Kelly-System erinnert, das mit 1. e4 c5 2. Sf3 a6 beginnt und das zumindest auch schon seine Existenzberechtigung nachgewiesen hat.

2 Mit 3. c3 und vorläufigem Geschlossenhalten der Stellung hätte Weiß Bückers Idee vielleicht als Tempoverlust entlarven können. Schönthier läuft aber voll in die vorbereitete Variante.

3 Jetzt kommt der tiefere Sinn der Neuerung zum Vorschein. In einer Partie des Schweschnikow-Typs ist der Zug h6 auf alle Fälle gut und nützlich, und zudem hat sich Schwarz die Möglichkeit bewahrt, seinen Damenflügelspringer anders als auf das Feld c6 zu entwikkeln.

4 Von d7 aus überwacht der Springer wichtige Felder. Das schwarze Eröffnungsexperiment kann als gelungen gelten.

5 Dieser Zug mag bei Schwarz zwiespältige Gefühle ausgelöst haben. Einerseits kann Bücker nun durch schnellen Figurengewinn den gravierenden Fehler des Gegners zum Partiesieg nutzen, andererseits bleibt ihm die Gelegenheit verwehrt, die eröffnungstheoretisch interessanten Varianten nach 11. Sb4: Da5 einer praktischen Erprobung zu unterziehen.

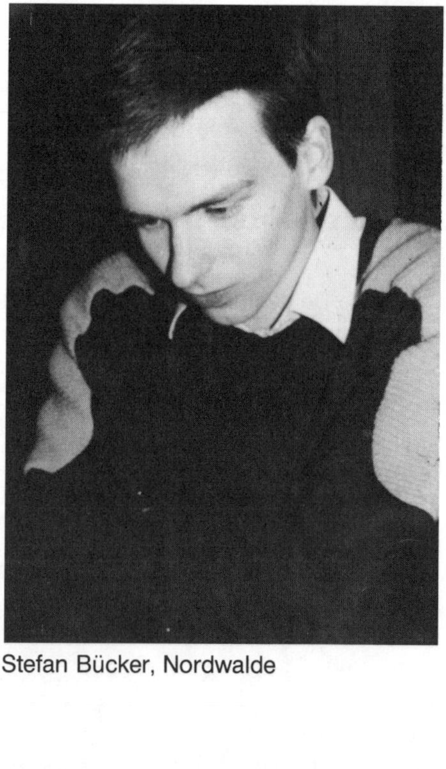

Stefan Bücker, Nordwalde

Porträt zu Partie Nr. 48

Emil Josef Diemer

Das Blackmar-Diemer-Gambit ist genau genommen mehr als nur eine Schacheröffnung, es ist fast eine Weltanschauung.
Emil Josef Diemer, der alte und noch immer junge Lehrmeister und Propagandist der Blackmar-Diemer-Gemeinde, hat mit seinem Motto: „Vom ersten Zug an auf Matt“ unzählige Schachfreunde zu begeistern vermocht.
Welchen Anhang das BDG, wie es im Fachjargon abgekürzt wird, hat, zeigte sich u. a. bei einem BDG-Weltturnier, das unter der rührigen Leitung von Schachfreund Walter Schneider viele Hundert Spieler aus zahlreichen Ländern zusammenführte. Nach langen Vor- und Endrunden erwies sich damals der Österreichische Meister Danner als der überlegene Sieger. Im übrigen verfügen die Freunde des Blackmar-Diemer-Gambits über eine eigene Schachzeitung: Die BDG-Revue, die von Emil Josef Diemer zusammen mit zahlreichen Mitarbeitern Peter Zimmer, Walter Schneider, Gunter Müller u. a. herausgebracht wird.
Über die schachlichen Qualitäten von Altmeister Diemer aufgrund seiner heutigen Turnierleistungen zu urteilen, wäre ungerecht. Mit weit über siebzig Jahren ist er den Anforderungen eines schweren Turniers nicht mehr voll gewachsen, dennoch spielt er noch sehr oft und mit unverminderter Begeisterung.
Beim 300 Spieler umfassenden, großmeisterlich besetzten „American Summer 1983“ in Berlin zeigte er in den beiden ersten Runden wahre Glanzpartien. In der dritten Runde saß er an einem der Spitzentische im Kreise der Internationalen Meister und Großmeister und hoffte, einen dieser Koryphäen mit dem BDG umlegen zu können. Der israelische Großmeister Birnboim war aber auf der Hut und vermochte Diemers Angriffe abzuschlagen. Danach war Diemer wieder ins Feld der Namenlosen zurückgefallen.
Hier im Buch wollen wir eine Partie aus Diemers Blütezeit zur Vorstellung bringen.

Partie Nr. 48

Weiß: Diemer
Schwarz: Schlutter

gespielt im Jahre 1957

1.	d2–d4	d7–d5
2.	e2–e4[1]	d5xe4
3.	Sb1–c3	Sg8–f6
4.	f2–f3	

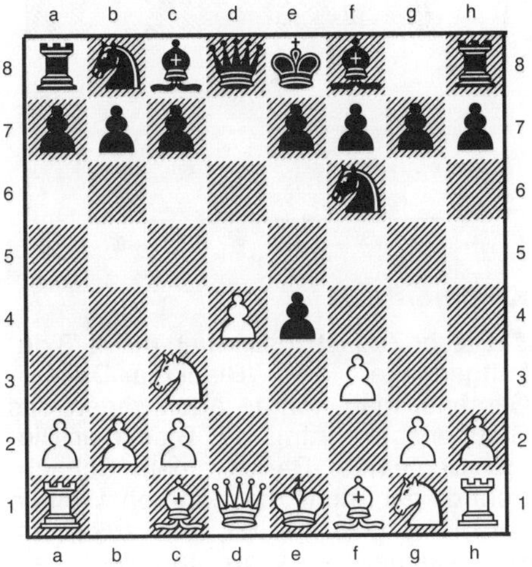

Stellung nach dem 4. Zug von Weiß:

4.	...	e4xf3
5.	Sg1xf3	Sb8–d7
6.	Lf1–d3	b7–b6
7.	Lc1–f4	Sf6–h5
8.	Lf4–e5	Lc8–b7
9.	0–0	e7–e6
10.	Dd1–e2	Lf8–d6
11.	Sc3–e4	Ld6–e7
12.	Sf3–g5	Sh5–f6
13.	Sg5xf7	Ke8xf7
14.	Se4–g5+	Kf7–g8
15.	Le5xc7	Dd8–e8
16.	De2xe6+	Kg8–f8
17.	Ld3–c4	h7–h6
18.	De6–g8+	Th8xg8
19.	Sg5–h7	Matt!

Schlußstellung:

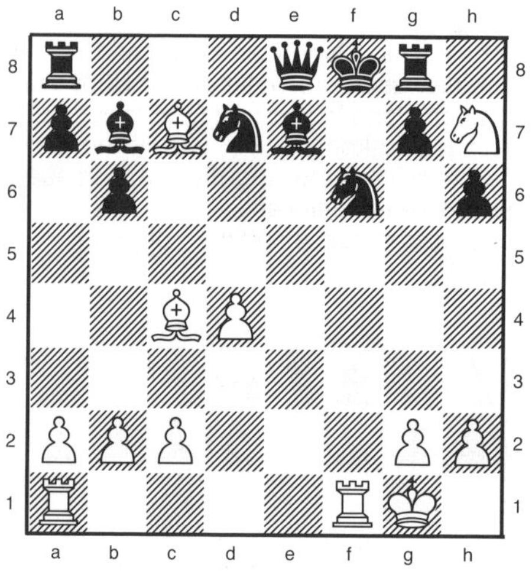

Kommentare:

1 Dieser Zug ist zusammen mit 4. f3 der Leitgedanke des Blackmar-Diemer-Gambits, man könnte auch sagen das Glaubensbekenntnis der Blackmar-Diemer-Gemeinde. Da es einem Schachfreund, der nicht die höheren Weihen der Diemerianer besitzt, nicht zukommt, eine Diemer-Partie zu kommentieren, will ich von weiteren Hinweisen absehen.

Schließlich spricht die Partie mit ihrem brillanten Mattfinale für sich und bedarf keiner Erläuterung.

Altmeister und Schachprophet Emil-Josef Diemer

Kurzporträt zu Partie Nr. 49

Christian Janzen

Man muß nicht unbedingt ein namhafter Bundesligaspieler sein, oder ein erfolgreicher Teilnehmer an der Deutschen Meisterschaft wie Stefan Bücker, um eröffnungstheoretische Neuerungen zu entdecken. Ein Leitsatz dieses Buches lautet: Neuerungen im Schach kann *jeder* finden, und diesen Leitsatz hat auch der Berliner Schachfreund Christian Janzen mit Erfolg in die Tat umgesetzt. Sicherlich bedarf es stets gegnerischer Mithilfe, wenn eine Eröffnungsüberrumpelung gelingen soll, das ist klar, aber dennoch ist die folgende Partie besonders reizvoll, zeigt sie doch in markanter Weise, wieviel Neuland es noch zu entdecken und zu erforschen gilt.
Christian Janzen, der auch in anderen Eröffnungen verschiedentlich Entdeckungen gemacht hat, brachte diese seine Partie den Lesern des Schachmagazins 64 zur Vorstellung.

Partie Nr. 49

Weiß: Janzen
Schwarz: Schroeder-Wildbert

1.	d2–d4	f7–f5
2.	h2–h3	Sg8–f6
3.	g2–g4	f5xg4
4.	h3xg4	Sf6xg4
5.	Dd1–d3[1]	Sg4–f6[2]
6.	Th1xh7	

Schwarz gibt auf!

Schlußstellung:

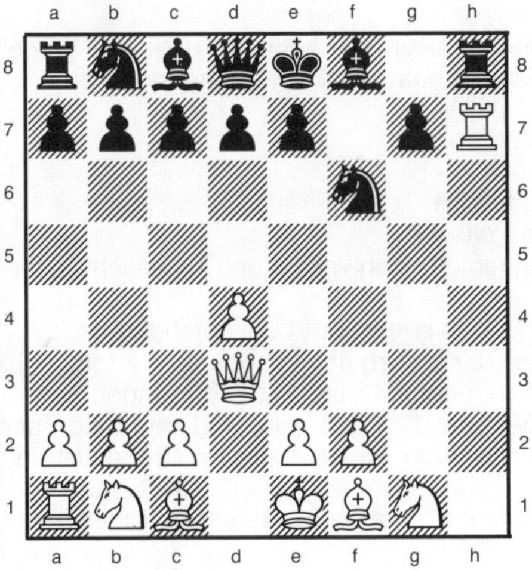

Christian Janzen, Berlin

Kommentare:

1 Weniger rasch führte Kortschnoj seine Partie gegen den Schweizer Känel zum Sieg. Janzens Verstärkung gibt dem Gegner die Gelegenheit zum folgenden Fehlgriff.

2 Daß der Bauer h7 schutzbedürftig ist, war leicht zu sehen, aber auch dem Feld g6 droht vernichtende Gefahr.

Vergleichspartie:
Kortschnoj–Känel
Biel 1979
1. d4 f5 2. h3 Sf6 3. g4 fg4: 4. hg4: Sg4: 5. e4 d6 6. Lg5 g6 7. f3 Sf6 8. Sc3 c6 9. Dd2 Le6 10. 0–0–0 Sbd7 11. Kb1 Lg7 12. Sh3 Sh5 13. Sf4 Sf4: 14. Df4: Db6 15. Dd2 Dc7 16. De3 Sb6 17. d5 Lf7 18. a4 a6 19. e5 Le5: 20. f4 Lg7 21. dc6: bc6: 22. Lg2 Sc8 23. Se4 Kf8 24. Lh6 Tb8 25. Dc3 Tg8 26. Sg5 Lh6: 27. Th6: Tg7 28. Sh7:+ Kg8 29. Dh3 Db7 30. Sf6+ Kf8 31. Th8+ Lg8 32. Sd7+ Kf7 33. Sb8: Db8: 34. Lc6: Sb6 35. Te1 Kf6 36. Dh4+ g5 37. fg5: Schwarz gibt auf!

Kurzporträt zur Partie Nr. 50

Rainer Schlenker

Im Mai 1982 erschien etwa gleichzeitig mit der Erstauflage des Buches: „Eröffnungen – abseits aller Theorie" auch die 1. Ausgabe der Schachzeitschrift: „Randspringer". Seit dieser Zeit sind 17 Nummern des „Randspringer" erschienen, und diese von Rainer Schlenker, Tübingen, betreute Zeitschrift hat sich einen festen Platz unter den deutschsprachigen Schachzeitungen gesichert. Worum es dem Randspringer in erster Linie geht, wird aus dem Untertitel deutlich, der anfänglich: „Das Magazin für Alternative Schachtheorie" lautete, neuerdings in: „Fachzeitschrift für wenig gebräuchliche Schacheröffnungen" umbenannt ist.

Dem Randspringer ist keine Eröffnung zu abwegig, keine Idee zu abenteuerlich. Je ausgefallener, desto besser, könnte das Motto lauten.

In der Namensgebung für Eröffnungen geht der Randspringer auch gerne eigene Wege: Neben halbwegs gängigen Namen werden stets neue originelle Bezeichnungen aus der Taufe gehoben, z. B.

1. e4	g5!	Der Marder
1. e4	f6!	Der Luchs
1. e4	g6!	Die Eidechse
1. h4		Lange Peitsche

oder es werden alte, lange vergessene Eröffnungsmethoden wieder ans Tageslicht befördert wie

1. e4 f5 2. ef5: Kf7 das sogenannte Elefantengambit.

Daß Rainer Schlenker aber nicht nur originell spielt, sondern häufig auch sehr erfolgreich, zeigen seine guten Ergebnisse bei zahlreichen Openturnieren. Mit Eröffnungen Marke Eigenbau hat er schon viele Meisterspieler in Verlegenheit gebracht, und sein Sieg über den Jugoslawen IGM Rajčević ist beispielsweise im Buch „Keine Angst vor Großmeistern" nachzulesen.

Der Erfolg des Randspringers beweist, wie up to date alternative Schacheröffnungen heute sind.

Rainer Schlenker

Partie Nr. 50

Tübinger Variante

Weiß: W. Müller
Schwarz: R. Schlenker

Stadtmeisterschaft Tübingen

1.	b2–b4	Sg8–h6[1]
2.	Lc1–b2	Th8–g8[2]

Stellung nach dem 2. Zug von Schwarz:

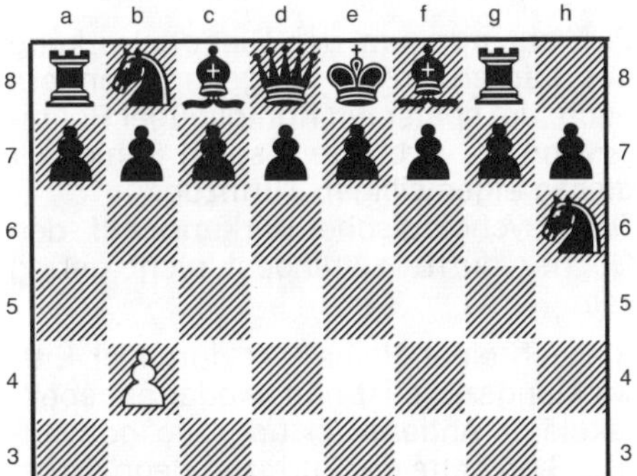

3.	c2–c4	e7–e6
4.	b4–b5	b7–b6
5.	Sb1–c3	Lc8–b7
6.	e2–e3	d7–d6
7.	Dd1–c2	Sb8–d7
8.	d2–d4	a7–a5
9.	a2–a4	Ta8–a7[3]
10.	Sg1–h3	Dd8–h4[4]
11.	0–0–0[5]	Sh6–g4
12.	Kc1–b1	Lf8–e7
13.	Kb1–a1	g7–g5
14.	Dc2–d2	f7–f5
15.	f2–f3	Sg4–f6
16.	Sh3–f2	g5–g4
17.	f3xg4	Sf6xg4
18.	Sf2xg4	Dh4xg4
19.	Th1–g1	Le7–g5
20.	Dd2–f2	Dg4–h4
21.	g2–g3	Dh4–h6
22.	Td1–e1	Tg8–f8
23.	Lf1–e2	Ke8–d8
24.	Le2–f3	

Remis[6]

4 Dieser Damenausfall bereitet schwarze Initiative am Königsflügel vor. Einen ähnlichen Plan in der Bekämpfung der Orang-Utan-Eröffnung finden wir in der Schnellpartie: Krahl–Feustel, 1983, die folgenden Verlauf nahm: 1. b4 e6 2. Lb2 Dh4 3. a3 f5 4. Sf3 Dh6 5. c4 Sf6 6. Db3 Le7 7. e3 b6 8. d4 Lb7 9. Sbd2 Sc6 10. Tc1 a5 11. b5 Sd8 12. Ld3 g5 13. d5 g4 14. Sd4 g3 15. f4 gh2: 16. S2f3 Sg4 17. Lf1 Lh4+ 18. Kd2 Lf2 19. Sc2 Tg8 20. Td1 Sf7 21. Kc1 Sd6 22. de6: de6: 23. Td3 Se4 24. Le5 Sc5 Weiß gibt auf.

5 Aus guten Gründen bringt sich der weiße König rechtzeitig mit der langen Rochade in Sicherheit, bevor die schwarzen Angriffspläne Gestalt annehmen können.

6 Ausgekämpft ist die Partie zwar noch nicht, aber das ist bei Remisvereinbarungen ja häufig der Fall. Abgesehen vom unlogisch erscheinenden Turmzug nach a7, konnte das schwarze Spiel durch seine Originalität und Unbekümmertheit sehr gut gefallen.

Kommentare:

1 Auf eine ausgefallene Eröffnungsvariante wie den Orang-Utan, ist eine noch ausgefallenere Replik Ehrensache.

2 Nicht nur, um der Diagonalwirkung des Läufers b2 zu entgehen, sondern auch, um später am Königsflügel Raumgewinn zu verbuchen, spielt Schlenker diesen eigenwilligen Turmzug.
Die psychologische Wirkung auf den Gegner dürfte zumindest nicht gering sein.

3 Nach einer Reihe fast normaler Entwicklungszüge ist nun wieder ein spektakulärer Antientwicklungszug notwendig. Sinn hätte der Turmzug dann, wenn später die schwarze Dame nach a8 gehen würde, um Diagonaldruck zu entfalten.

Schachtraining 1 *von Otto Borik IM*

144 Seiten – 200 Diagramme – Fotos – kart. **DM 19,80**

Was ist zu tun, um besser Schach zu spielen?

Die einfachste Methode besteht in einem gemeinsamen Training mit einem erfahrenen Schachtrainer. Die wirklich guten Trainer sind aber dünn gesät, und außerdem kann die ganze Angelegenheit sehr kostspielig werden.

Mit dem Erscheinen dieses Buches sollte das Problem nunmehr gelöst sein. In dieser Publikation sind mehr als 100 Stunden Schachtrainings zusammengefaßt, basierend auf der Serie Schachtraining aus der bekannten deutschen Schachzeitschrift **Schach-Magazin 64.**

Das Redaktionsteam unter der Leitung des internationalen Meisters **Otto Borik** wertete die Erfahrungen der russischen Berufstrainer aus und schuf die erste, **bisher einzige Schachtrainingsserie in deutscher Sprache.**

Das große Buch der Schacheröffnungen

Theorie und Praxis für Anfänger und Fortgeschrittene

von Borik / v. Fondern / Malleé / Nehmert

420 Seiten – 180 Diagramme – Leinen – farbiger Umschlag
2., verbesserte Auflage **DM 38,–**

All das zusammengetragene Wissen der Bände 5, 6 und 7 der „Kleinen Schachbücherei" bietet dieser repräsentative Ganzleinenband auf einen Blick. Bei dem großen Umfang und der vorbildlichen Ausstattung ist dieses Werk ein ideales Geschenk für all die Spieler, deren Interesse am Schachspiel mehr als nur oberflächlich ist und zugleich ein unverzichtbares Nachschlagewerk für alle Lernenden und Fortgeschrittenen.

Keine Angst vor Großmeistern

Bemerkenswerte Außenseiter-Siege am Schachbrett

von Bernd Feustel

128 Seiten – 32 Fotos – Diagramme – kart. **DM 14,80**

Immer häufiger bietet sich in jüngster Zeit auch Schachamateuren die Gelegenheit, in offenen Turnieren mit internationalen Großmeistern in direkten Wettbewerb zu treten und ihnen am Brett gegenüberzusitzen.

Dieses Buch soll den Beweis dafür liefern, daß auch Großmeister schwache Stunden haben, Fehler machen und besiegt werden können.

31 Partien werden notiert und analysiert sowie kommentiert wiedergegeben.

8 × 8 = 64 *von Horst Wolfram Geissler / Alfred Diel*

108 Seiten – 11 Zeichnungen – Pp. **DM 12,80**

Schachliche Entwicklungsgeschichte eingebettet in die Kulturgeschichte der jeweiligen Zeit bieten die Autoren jedem Schachspieler, der auch von dieser Warte aus einen Bezug zu „seinem Spiel" finden will.

Beginnend bei König Artus' Rittern der Tafelrunde des 6. Jahrhunderts, reiht sich Verblüffendes an Anekdotenhaftes, Amüsantes; und zwar in einem sprachlichen Stil, der immer genauso informativ wie unterhaltend bleibt. Eine Rarität.

Joachim Beyer Verlag · 8607 Hollfeld/Ofr. · Postfach 1240 · Tel. (09274) 401